Kombi BUCH Deutsch 10

Arbeitsheft für den Sekundarunterricht
Ausgabe Luxemburg

Erstellt auf der Basis von
Kombi-Kompetent Deutsch

Erarbeitet von
Rolande Linden
Christiane Schmitz
Ursula Spichale
Mady Weydert

in Zusammenarbeit mit dem Ministerium für
Erziehung und Berufsausbildung, Luxemburg

C.C.Buchner

Kombi-Buch Deutsch 10 Ausgabe Luxemburg – Arbeitsheft

1. Auflage, 1. Druck 2016
Alle Drucke dieser Auflage sind, weil untereinander unverändert, nebeneinander benutzbar.

Dieses Werk folgt der reformierten Rechtschreibung und Zeichensetzung. Ausnahmen bilden Texte, bei denen künstlerische, philologische oder lizenzrechtliche Gründe einer Änderung entgegenstehen.

Redaktion: Jutta Förtsch
Umschlag: Artbox, Bremen
Layout und Satz: ideen.manufaktur, Dortmund
Druck und Bindung: Brüder Glöckler, Wöllersdorf

www.ccbuchner.de

ISBN 978-3-7661-**3680**-0

Vorwort

Der Übergang in die gymnasiale Oberstufe bedeutet einen Übergang in deiner schulischen Laufbahn. Damit dieser Neustart gut gelingt, wurde dieses Heft zur Vertiefung deiner Kenntnisse entwickelt. Es zielt auf die Weiterentwicklung und Sicherstellung des Grundwissens, das für eine erfolgreiche Arbeit in der Oberstufe auf den Weg zum Abitur erforderlich ist.
Wichtig ist in dieser Phase, dass du eigene Stärken erkennst und ausbaust sowie eigene Schwächen ermitteln und verringern kannst. Zum Aufbau von Selbstbewusstsein und Motivation durch Lernerfolg bietet dir dieses Heft zahlreiche Übungsmöglichkeiten für die eigenständige Arbeit zur Wiederholung und Festigung aller Basiskompetenzen aus der Unterstufe.
Bei der Arbeit mit diesem Heft vernetzt du dein Wissen in allen Kompetenzbereichen und festigst den Umgang mit dem nötigen terminologischen Instrumentarium.
Ein besonderes Augenmerk liegt auf der Förderung deiner Selbsteinschätzung und der Überprüfung deines individuellen Lernzuwachses (☞ Diagnostizieren). Im Bereich Umgang mit Texten wirst du dich in der Oberstufe – nicht nur im Fach Deutsch – zunehmend mit komplexen Texten auseinandersetzen müssen. Hierbei ist ein selbstständiger Umgang mit Strategien und Techniken des Textverstehens unerlässlich. Mit den Übungen in diesem Heft schärfst du dein Bewusstsein für passende Lesestrategien anhand von Sachtexten (☞ Sachtexte untersuchen) und allen für die Oberstufe relevanten Textsorten (☞ dramatische und lyrische Texte untersuchen). Beim Umgang mit epischen Texten (☞ epische Texte untersuchen) bildet die Erschließung und das Verstehen bildhafter Sprache bzw. ganzer Texte einen Schwerpunkt.
Im Bereich Schreiben trainierst du die Textplanung, die Texterstellung und die Textüberarbeitung (☞ Argumentieren).
Bei der Reflexion über Sprache (☞ siehe dort) vertiefst du weitere Basiskompetenzen des Schreibens, indem du orthographische, grammatische und stilistische Normen bis hin zu Standards des Zitierens wiederholst und vertiefst und für die konkrete Überarbeitung von Texten nutzbar machst.

so geht's

Um Anforderungen zu bewältigen, benötigt man neben Fachwissen in einzelnen Lernbereichen auch die Kenntnis über bereits erworbene Kompetenzen. Es gilt, **eigene Fähigkeiten** zu **überprüfen** und **selbstständig** zu **erweitern**. Dazu muss man Methoden zum selbstständigen Erkennen eigener Schwächen und Fehler anwenden. Man sollte sich darüber klar werden, welches bereits **vorhandene Wissen** jeweils zur Lösung genutzt werden kann. Darüber hinaus ist die **Motivation, Fehlerursachen zu analysieren, zu beseitigen und Lernsituationen zu reflektieren,** maßgeblich für den Erfolg.

1 Verschiedene Formen der Selbstdiagnose kennenlernen und anwenden

→ **Nutze** deine **Klassenarbeiten** und **erstelle** aufgrund der dort vermerkten Fehler einen **Fehler-Analysebogen**, den du in die Bereiche **Inhalt** und **Sprache** unterteilst. Den *sprachlichen Bereich* untergliederst du nach den Schwerpunkten Grammatik, Rechtschreibung, Zeichensetzung und Stil. (☞ S. 64 ff.)

→ **Stelle** aufgrund der Gespräche mit Lehrkräften oder aufgrund eigener Erfahrungen die **Teilbereiche des Deutschunterrichts zusammen**, die dir die größten **Probleme** bereiten. (☞ S. 6 f., 15)

→ **Überprüfe** von Zeit zu Zeit mithilfe von Lehrbüchern und Arbeitsheften eigenständig deine **Fachkenntnisse.** (☞ S. 15)

2 Defizite einordnen und mit Kompetenzen vernetzen

→ **Suche Ursachen** für vorhandene Defizite. **Kläre** für dich, ob **negative Erfahrungen** dich demotiviert haben, in diesem Bereich zu arbeiten, ob Desinteresse an diesem Bereich vorliegt, ob die **Auseinandersetzung** mit diesem Bereich **nicht intensiv genug** war oder ob dir diese Schwäche gar nicht bewusst war. (☞ S. 6 f.)

→ **Erstelle** eine **Liste** mit den fünf deiner Meinung nach größten **Stärken** in Bezug auf schulisches Lernen. Stelle diese deinen vermeintlichen Defiziten gegenüber und überlege, wie du die **Stärken zur Behebung der Schwächen nutzen** kannst, z. B. kann systematisches Denken beim Lernen von Fachbegriffen helfen; ein gutes Gehör kann beim Lernen von Texten genutzt werden ...

3 Kompetenzzuwächse wahrnehmen und dokumentieren

→ **Notiere** deine **Schwächen** und **formuliere** ein realistisches **Ziel** zu deren Behebung. Setze dir auch einen **Zeitrahmen**. (☞ S. 15)

→ **Ergänze** jeden **Fortschritt** und den **Weg**, den du dabei eingeschlagen hast: Welche Methode hast du angewendet? Hast du mehr Zeit investiert? Hat dir jemand etwas erklärt? ...

→ **Nutze** deine **Fortschritte** und die dabei gewonnenen **Erkenntnisse** auch für andere Bereiche.

TIPPS UND QUERVERWEISE

Rechtschreibung/Zeichensetzung (☞ S. 64 ff.), Grammatik (☞ S. 70 ff.), Stil (☞ S. 76 ff.), Glossare in Schulbüchern, Lexika, Wörterbücher

ACHTUNG: FEHLERQUELLEN!

Das größte Problem besteht darin, dass man eigene Schwächen nicht wahrnimmt, also ist Ehrlichkeit sich selbst gegenüber unabdingbar. Darüber hinaus darf man sich von Misserfolgen nicht demotivieren lassen, sondern muss den Mut haben, eigene Fehler als Herausforderung zu sehen.

1.1 Stärken und Schwächen selbst einschätzen

1 Lies den Diagnosebogen gut durch und bearbeite ihn wie folgt:
→ Kreuze bei jedem Bereich ehrlich an, was deiner Meinung nach auf dich zutrifft.
→ Setze in der dritten Spalte ein Fragezeichen, wenn dir ein Bereich oder Teilbereich unklar ist.

2 Vergleiche und besprich deine Ergebnisse mit einer Mitschülerin bzw. einem Mitschüler.

3 Bitte deine Lehrkraft um eine Einschätzung deines Ergebnisses.

4 Beginne die Arbeit in diesem Arbeitsheft entweder mit dem Bereich, bei dem du deine Fähigkeiten am schwächsten einschätzt oder mit dem Bereich, in dem du deine Fähigkeiten am stärksten einschätzt. Diese Entscheidung solltest du danach fällen, was dich am besten motiviert.

5 Bearbeite den Diagnosebogen in regelmäßigen Abständen (etwa nach dem Schreiben einer Klassenarbeit) neu.

	Kann ich gut	Kann ich noch nicht so gut	Ist mir unbekannt
Kompetenzbereich: Lesen			
Methoden zum Erfassen von Texten			
• Orientierendes Lesen/Überblickslesen			
• Suchendes Lesen			
• Genaues Lesen			
Methoden zum Zusammenfassen und Erschließen von Texten			
• Unterstreichen/Markieren			
• Fragen an den Text stellen			
• Wegstreichmethode anwenden			
• Mind-Maps erstellen			
• Exzerpte anfertigen			
Kompetenzbereich: Analyse von literarischen Texten			
• Formale Merkmale epischer Literatur bestimmen und benennen			
• Inhaltliche Merkmale epischer Literatur beschreiben			
• Formale Merkmale lyrischer Literatur bestimmen und benennen			
• Inhaltliche Merkmale lyrischer Literatur beschreiben			
• Formale Merkmale dramatischer Literatur bestimmen und benennen			
• Inhaltliche Merkmale dramatischer Literatur beschreiben			
Kompetenzbereich: Analyse von Sachtexten			
• Intention (Funktion) von Sachtexten erkennen			
• Sachtexte klassifizieren (einordnen)			
• Sprachlich-stilistische Merkmale untersuchen			
• Adressatenbezug erkennen und erläutern			

	Kann ich gut	Kann ich noch nicht so gut	Ist mir unbekannt
Kompetenzbereich: Schreiben			
• Inhaltsangabe/Textwiedergabe und -beschreibungen verfassen	☐	☐	☐
• Berichte/Beschreibungen anfertigen	☐	☐	☐
• Texterläuterung/-interpretation schreiben	☐	☐	☐
• Freie und textgebundene Erörterungen (Argumentationen) schreiben	☐	☐	☐
• Kreative und produktionsorientierte Aufgaben lösen	☐	☐	☐
• Textkohärenz beachten	☐	☐	☐
• Satzbau variieren	☐	☐	☐
• Auf angemessenen Stil achten	☐	☐	☐
Kompetenzbereich: Medien			
• Selbstständig Informationen beschaffen, recherchieren	☐	☐	☐
• Informationen kritisch prüfen und beurteilen	☐	☐	☐
• Passende Medien zur Präsentation auswählen	☐	☐	☐
• Journalistische Textsorten unterscheiden	☐	☐	☐
• Journalistische Textsorten analysieren	☐	☐	☐
Kompetenzbereich: Kommunikation			
• Sprachwandel, Dialekte und Fachsprachen bestimmen	☐	☐	☐
• Grundlegende Kommunikationsmodelle anwenden	☐	☐	☐
• Sach- und Beziehungsebene (bzw. analoge und digitale Kommunikation) auch in Texten erläutern	☐	☐	☐

6 Im Folgenden findest du die drei Niveaustufen, die für die Bewertung von Leistungen verbindlich sind.
→ Schätze ein, auf welcher Niveaustufe du dich insbesondere beim Umgang mit Texten und Medien befindest

Reproduktion	Reorganisation	Transfer/Problemlösung
• Inhalte wiedergeben • Begriffe definieren • Versuche/Abläufe beschreiben • Fachsprache anwenden	• Sachverhalte erläutern • Aussagen begründen • Zusammenhänge erklären • Grafiken methodisch auswerten • Text in Grafiken übersetzen	• Gelerntes auf neue Sachverhalte übertragen • Aussagen beurteilen und Kriterien formulieren • Begründet Stellung nehmen • Lösungswege aufzeigen

1.2 Operatoren klären: zuordnen und erläutern

1 Markiere in der folgenden Erklärung alle Wörter, die den Begriff *Operator* erläutern.

Entscheidend für das Verstehen von schriftlichen Aufgaben sind die Operatoren, d.h. die Verben, die angeben, welche Leistung zur Lösung einer Aufgabe erbracht werden soll.

2 Ergänze zu den aufgelisteten Leistungen der verschiedenen Anforderungsbereiche jeweils den passenden Operator aus dem Speicher.

Operatoren: (be) nennen • entwerfen • zusammenfassen • beurteilen • untersuchen, erschließen • einordnen • vergleichen • erläutern (inkl. „erklären“) • in Beziehung setzen • deuten • bewerten • begründen • beschreiben • sich auseinandersetzen mit • wiedergeben • prüfen, überprüfen • gestalten • (kritisch) Stellung nehmen

Anforderungsbereich markieren

Tätigkeiten	Operator
Aus einem Text Informationen, Aspekte eines Sachverhalts, Fakten entnehmen	
Textaussagen oder Sachverhalte in eigenen Worten strukturiert und fachsprachlich richtig darstellen	
Inhalte, Zusammenhänge in eigenen Worten sachlich und fachsprachlich richtig formulieren	
Inhalte, Aussagen, Zusammenhänge komprimiert und strukturiert fachsprachlich richtig darstellen	
An Texten, Textaussagen, Problemstellungen, Sachverhalten kriterienorientiert bzw. aspektgeleitet arbeiten	
Einen Inhalt, eine Aussage, eine Problemstellung, einen Sachverhalt in einen vorgegebenen oder selbst gewählten Kontext einbeziehen	
Texte, Textaussagen, Sachverhalte unter bestimmten Aspekten gegenüberstellen und analysieren, um Gemeinsamkeiten, Unterschiede, Abweichungen oder Gegensätze zu ermitteln	
Textaussagen, Sachverhalte auf der Basis von Kenntnissen und Einsichten differenziert darstellen und durch zusätzliche Informationen und Beispiele veranschaulichen	
Analyseergebnisse, Textaussagen, Sachverhalte, Problemstellungen mit vorgegebenen oder selbstgewählten Aspekten in Verbindung bringen	
Ergebnisse der Textbeschreibung in einen Erklärungszusammenhang bringen; dabei genretypische, syntaktische, semantische und stilistisch-rhetorische Elemente und ihre Funktion und Intention berücksichtigen.	

Anforderungsbereich markieren

Tätigkeiten	Operator
Hinsichtlich eines Textes, einer Textaussage, der ästhetischen Qualität eines Textes, eines Sachverhalts, einer Problemlösung mit Bezug auf Fachwissen und -erkenntnis zu einem selbstständigen, begründeten Sachurteil gelangen	
Wie Operator „beurteilen", verbunden mit der Offenlegung begründeter eigener Wertmaßstäbe, die sich aus ausgewiesenen Normen und Werten ableiten	
Die Einschätzung einer Problemstellung, Problemlösung, eines Sachverhaltes, einer Wertung auf der Grundlage fachlicher Kenntnis und Einsicht nach kritischer Prüfung und sorgfältiger Abwägung formulieren	
Ein Analyseergebnis, Urteil, eine Einschätzung, eine Wertung fachlich und sachlich absichern (durch einen entsprechenden Beleg, Beispiele, eine Argumentation)	
Zu einer (fachlichen) Problemstellung oder These eine Argumentation entwickeln, die zu einem begründeten und nachvollziehbaren Ergebnis führt	
Eine Textaussage, These, Argumentation, Analyseergebnis, einen Sachverhalt auf der Grundlage eigener Kenntnisse, Einsichten oder Textkenntnis auf ihre/seine Angemessenheit hin untersuchen und zu Ergebnissen kommen	
In Verbindung mit einer Textvorlage auf der Grundlage einer konkreten Arbeitsanweisung einen eigenen Text unter Benennung der notwendigen Entscheidungen und Arbeitsschritte planen	
In Verbindung mit einer Textvorlage, auf der Grundlage einer konkreten Arbeitsanweisung einen eigenen Text nach ausgewiesenen Kriterien erarbeiten	

3 Markiere am Rand der Tabelle jeweils in der angegebenen Farbe Operatoren, die

- Leistungen im Anforderungsbereich I (Reproduktion ☞ S. 7) verlangen: rot
- Leistungen im Anforderungsbereich II (Reorganisation ☞ S. 7) verlangen: gelb
- Leistungen im Anforderungsbereich III (Transfer, Problemlösung ☞ S. 7) verlangen: grün.

4 Überprüfe deine Lösungen mithilfe des Lösungsteils und korrigiere sie gegebenenfalls. (☞ Lösungsheft, S. 1)

5 Skizziere stichpunktartig, welche einzelnen Leistungen du für die folgenden übergeordneten Operatoren erbringen musst.

- **Analysieren (interpretieren)** eines literarischen Textes oder eines Sachtextes
- **Erörtern**

1.3 Eine Klassenarbeit überarbeiten

1 Bereite die Überarbeitung der Klassenarbeit zu Peter Bichsels Kurzgeschichte „Die Tochter“ mit folgenden Schritten vor:
→ Lies die Kurzgeschichte und kläre anhand der Aufgaben zunächst selbst wichtige Schwerpunkte.

Peter Bichsel
Die Tochter (1964)

Abends warteten sie auf Monika. Sie arbeitete in der Stadt, die Bahnverbindungen sind schlecht. Sie, er und seine Frau, saßen am Tisch und warteten auf Monika. Seit sie in der Stadt arbeitete, aßen sie erst um halb acht. Früher hatten sie eine Stunde eher gegessen. Jetzt warteten sie täglich eine Stunde am gedeckten Tisch, an ihren Plätzen, der Vater oben, die Mutter auf dem Stuhl nahe der Küchentür, sie warteten vor dem leeren Platz Monikas. Einige Zeit später dann auch vor dem dampfenden Kaffee, vor der Butter, der Marmelade.
Sie war größer gewachsen als sie, sie war auch blonder und hatte die Haut, die feine Haut der Tante Maria. „Sie war immer ein liebes Kind“, sagte die Mutter, während sie warteten.
In ihrem Zimmer hatte sie einen Plattenspieler, und sie brachte oft Platten mit aus der Stadt, und sie wusste, wer darauf sang. Sie hatte einen Spiegel und verschiedene Fläschchen und Döschen, einen Hocker aus marokkanischem Leder, eine Schachtel Zigaretten.
Der Vater holte sich seine Lohntüte auch bei einem Bürofräulein. Er sah dann die vielen Stempel auf einem Gestell, bestaunte das sanfte Geräusch der Rechenmaschine, die blondierten Haare des Fräuleins, sie sagte freundlich „Bitte schön“, wenn er sich bedankte.
Über Mittag blieb Monika in der Stadt, sie aß eine Kleinigkeit, wie sie sagte, in einem Tearoom. Sie war dann ein Fräulein, das in Tearooms lächelnd Zigaretten raucht.
Oft fragten sie sie, was sie alles getan habe in der Stadt, im Büro. Sie wusste aber nichts zu sagen.
Dann versuchten sie wenigstens, sich genau vorzustellen, wie sie beiläufig in der Bahn ihr rotes Etui mit dem Abonnement aufschlägt und vorweist, wie sie den Bahnsteig entlang geht, wie sie sich auf dem Weg ins Büro angeregt mit Freundinnen unterhält, wie sie den Gruß eines Herrn lächelnd erwidert.
Und dann stellten sie sich mehrmals vor in dieser Stunde, wie sie heimkommt, die Tasche und ein Modejournal unter dem Arm, ihr Parfum; sie stellten sich vor, wie sie sich an ihren Platz setzt, wie sie dann zusammen essen würden.
Bald wird sie sich in der Stadt ein Zimmer nehmen, das wussten sie, und dass sie dann wieder um halb sieben essen würden, dass der Vater nach der Arbeit wieder seine Zeitung lesen würde, dass es dann kein Zimmer mehr mit Plattenspieler gäbe, keine Stunde des Wartens mehr.
Auf dem Schrank stand eine Vase aus blauem schwedischem Glas, eine Vase aus der Stadt, ein Geschenkvorschlag aus dem Modejournal.
„Sie ist wie deine Schwester“, sagte die Frau, „sie hat das alles von deiner Schwester. Erinnerst du dich, wie schön deine Schwester singen konnte?“
„Andere Mädchen rauchen auch“, sagte die Mutter.
„Ja“, sagte er, „das habe ich auch gesagt.“
„Ihre Freundin hat kürzlich geheiratet“, sagte die Mutter.
Sie wird auch heiraten, dachte er, sie wird in der Stadt wohnen.
Kürzlich hatte er Monika gebeten: „Sag mal etwas auf Französisch.“ – „Ja“, hatte die Mutter wiederholt, „sag mal etwas auf Französisch.“ Sie wusste aber nichts zu sagen.
Stenografieren kann sie auch, dachte er jetzt. „Für uns wäre das zu schwer“, sagten sie oft zueinander.
Dann stellte die Mutter den Kaffee auf den Tisch. „Ich habe den Zug gehört“, sagte sie.

→ Beantworte anhand folgender Begriffe in einem Satz die Frage: Was ist das Thema der Kurzgeschichte „Die Tochter“ von Peter Bichsel?

Ablösung / Elternhaus / Entfremdung / Sprachlosigkeit / Verständnislosigkeit / Welt der Eltern / Welt der Tochter

→ Untersuche, wie die Eltern zu ihrer Tochter stehen. Ordne dazu den Aussagen aus Spalte 1 die passenden Textbelege aus Spalte 2 zu. Notiere die Zeilenangaben.

Aussage	Textbeleg	Zeile(n)
1. Die Eltern schauen zu ihrer Tochter auf.	☐ Kürzlich hatte er Monika gebeten: „Sag mal was auf Französisch.“ – „Ja“, hatte die Mutter wiederholt, „sag mal etwas auf Französisch.“	
2. Die Eltern haben gegenüber der Tochter eine Art Minderwertigkeitskomplex.	☐ Sie war größer gewachsen als sie, sie war auch blonder und hatte die Haut, die feine Haut der Tante Marie.	
3. Die Eltern bestaunen den Bildungsstand der Tochter.	☐ Jetzt warteten sie täglich eine Stunde am gedeckten Tisch, an ihren Plätzen, der Vater oben, die Mutter auf dem Stuhl nahe der Küchentür, sie warteten vor dem leeren Platz Monikas.	
4. Die Eltern empfinden die Lebenswelt der Tochter als fremdartig.	☐ Über Mittag blieb Monika in der Stadt, sie aß eine Kleinigkeit, wie sie sagte, in einem Tearoom.	
5. Die Eltern können sich nicht damit abfinden, dass die Tochter dem Elternhaus entwachsen ist.	☐ In ihrem Zimmer hatte sie einen Plattenspieler und sie brachte oft Platten mit aus der Stadt und wusste, wer darauf sang. Sie hatte auch einen Spiegel und verschiedene Fläschchen und Döschen, einen Hocker aus marokkanischem Leder, eine Schachtel Zigaretten.	
6. Die Eltern interessieren sich für das Leben ihrer Tochter.	☐ „Für uns wäre das zu schwer“, sagten sie oft zueinander.	
7. Die Eltern machen sich ein Bild vom Leben ihrer Tochter.	☐ Oft fragten sie sie, was sie alles getan habe in der Stadt, im Büro.	
8. Die Tochter spricht eine andere Sprache als sie.	☐ Dann versuchten sie wenigstens, sich genau vorzustellen, wie sie beiläufig in der Bahn ihr rotes Etui aufschlägt und vorweist, wie sie den Bahnsteig entlanggeht, wie sie sich auf dem Weg ins Büro angeregt mit Freundinnen unterhält, wie sie den Gruß eines Herrn lächelnd erwidert.	

→ Die Lebensweise der Tochter in der Stadt wird aus dem Blickwinkel der Eltern dargestellt. Arbeite heraus, was wohl dem tatsächlichen Tagesablauf entspricht und was eventuell nur in der Vorstellung der Eltern entspricht.

tatsächlicher Tagesablauf	Vorstellungen der Eltern

→ Zweimal wird in der Kurzgeschichte über die Tochter Monika gesagt: „Sie wusste aber nichts zu sagen."
Warum sagt sie nichts? Suche die jeweilige Textstelle heraus, notiere die Zeile und kreuze unter den folgenden Erklärungsversuchen diejenigen an, die dir einleuchten.

Zeile ________

- ☐ Sie glaubt, dass es ihre Eltern nichts angeht.
- ☐ Sie hat Hemmungen gegenüber ihren Eltern.
- ☐ Sie traut sich nicht zu, ihre Arbeit im Büro so zu beschreiben, dass ihre Eltern sich ein Bild davon machen können.
- ☐ Sie ist müde von der Arbeit und hat keine Lust darüber zu sprechen.
- ☐ Sie fürchtet, die hochgesteckten Erwartungen der Eltern zu enttäuschen.
- ☐ Sie glaubt, dass ihre Eltern ihre Erzählung falsch verstehen würden.

Zeile ________

- ☐ Sie geniert sich vor ihren Eltern.
- ☐ Sie geniert sich für ihre Eltern.
- ☐ Sie glaubt, dass ihre Eltern sie überschätzen, und will sie nicht darin bestärken.
- ☐ Sie weiß tatsächlich nichts.
- ☐ Sie will vor ihren Eltern nicht mit ihrer Bildung protzen.
- ☐ Sie verachtet ihre Eltern.
- ☐ Sie traut sich die richtige Aussprache nicht zu.

2 Lies die Aufgabenstellung der Klassenarbeit und unterstreiche die Operatoren.

Klassenarbeit: Analyse eines literarischen Textes

Interpretiere die Kurzgeschichte „Die Tochter" von Peter Bichsel unter besonderer Berücksichtigung der Figurengestaltung. Beachte dabei folgende Punkte:
- Fasse den Inhalt des Textes kurz zusammen.
- Beschreibe die gegenwärtige Situation der Familie. Analysiere das Eltern-Tochter-Verhältnis und untersuche, wie die Berufstätigkeit der Tochter, ihr Leben in der Stadt und mögliche Zukunftspläne Gegenwart und Zukunft der Eltern mit beeinflussen.
- Bewerte abschließend das Eltern-Tochter-Verhältnis.

3 Lies die Schülerarbeit und korrigiere sie in einem zweiten Durchgang mittels folgender Korrekturzeichen am Rand. Achte dabei darauf, ob Zitate korrekt mit entsprechenden Satzzeichen versehen sind.

WISSEN

Inhalt und Aufbau

SaF	sachlicher Fehler (inhaltlich falsche Darstellung)
L/Logik	logischer Fehler
WhG	Gedanken/Inhalte werden wiederholt dargestellt
Sinn?	Gedanke = unverständlich formuliert
→	Gedanke gehört an eine andere Stelle
⌐	Absatz

Sprache und Stil

Wh	Wiederholung von Ausdrücken
R	Rechtschreibfehler
Z	Fehler im Bereich der Zeichensetzung
G	Grammatikfehler
T	falsches Tempus
M	falscher Modus (Indikativ, Konjunktiv, indirekte Rede)
Bz	fehlerhafter/ungenauer Bezug innerhalb von oder zwischen Sätzen
Sb	Fehler im Satzbau
A	fehlerhafter Ausdruck/unpassende Wortwahl
St	unangemessener Stil
~~xx~~	überflüssiges Wort
xx	fehlendes Wort

FEHLER!

Die erschienene kurzgeschichte „die Tochter" von Peter Bichsel handelt sich um die zunehmende Entfremdung zwischen einem Ehepaar und seiner Tochter. Die Eltern sitzen wie jeden Tag am bedeckten Tisch und warten auf seine erwachsen gewordene Tochter die in der Stadt arbeitet. Während dieser einstündigen Wartezeit stellen sich den Tagesablauf ihrer berufstätige Tochter genauestens vor: wie sie in die Stadt fährt, wie sie unterwegs mit ihren Freundinen plaudert, wie sie im Tearoom lächelnd raucht, wie sie den Zug nach Hause nimmt … Sie rechnen auch damit, dass ihre Tochter sich bald verheiraten wird.

Die Eltern wollen es nicht so richtig wahrhaben dass ihre Tochter selbstständig geworden ist und ihr eigenes Leben führt. Monika war ihr ganzer Lebensinhalt, der nun von weg zubrechen droht. Wie wichtig die Tochter für sie ist, zeigt sich, dass die Eltern ihren gewohnten Tagesablauf für die berufstätige Tochter geändert haben, früher hatten sie immer eine Stunde eher gegessen. Jetzt warteten sie täglich eine Stunde am gedeckten Tisch, an ihren Plätzen, der Vater oben, die Mutter auf dem Stuhl nahe der küchentür (Z. 6-9) Damit wird ein traditionelles Familienbild gezeichnet, in dem jeder seinen festen Platz einnimmt. Der „leere Platz Monikas" steht dabei symbolisch für die Lücke, die die Tochter im Leben der Eltern hinterlassen wird, wissen, dass Monika sich bald „in der Stadt ein Zimmer nehmen" wird (Z. 47 f.).

Ein Grund für die Entfremdung zwischen Eltern und Tochter sind die unterschiedlichen Lebenswelten, in denen sie sich bewegen: das Dorf und die Stadt, die Arbeiterwelt und die Bürowelt. Sie sind nähmlich in ihrer eigenen Erfahrungswelt erstarrt und bewundern das Leben ihrer Tochter. Das wird zum Beispiel deutlich an der Aufzählung der Dinge in ihrem Zimmer (vgl. Z. 17-22), am Vergleich mit dem Bürofräulein, bei dem der Vater seine Lohntüte holt (Z. 24-28) oder wenn sie zueinander sagen: „Für uns wäre das zu schwer." Die Tochter verkörpert für sie eine Welt, die ihnen fremd ist und mit der sie nichts anfangen können. In ihren Vorstellungen hat die Tochter sie längst überholt, da sie manches beherrscht, wofür die Eltern nicht fähig wären.

Die Eltern fragen die Tochter oft, „was sie alles getan habe in der Stadt, im Büro". (Z 33 f.) Sie wollen immer noch am Leben ihrer Tochter teilhaben, was auch verständlich ist. Doch sie wissen nichts zu sagen und es scheint, als würden sie einfach irgendwelche Fragen stellen, nur damit sie sich überhaupt ein wenig unterhalten.

Die Tochter weiß auf die Fragen und Bitten nichts zu sagen. Sie hat sich von der Lebenswelt ihrer Eltern entfremdet. Vielleicht sind diese Unterhaltungen ihr peinlich, ist es ihr einfach zu primitiv auf sogenannte „Floskelgespräche" einzugehen, vielleicht hat sie auch ein Problem damit, dass ihre Eltern sie so sehr bewundern. Ich könnte mir vorstellen, dass es sie

FEHLER!

stört, dass alles, das sie kann (z. B. dass sie weiß, wer auf den Platten singt, die sie mit nach Hause bringt, Z. 19) so sehr aufgewertet wird. Mir würde es jedenfalls so gehen. Sie hat erkannt, dass ihre Eltern ihr nicht mehr folgen können, möchte dies aber nicht zeigen, um sie nicht zu blamieren.

Andererseits weiß sie aber offensichtlich auch nicht, was sie aus ihrem Berufsalltag und ihrem Leben in der Stadt erzählen soll. Es gibt wohl nicht viele Dinge, die ihr wichtig genug sind, davon zu erzählen. Vielleicht ist ihr Leben ja auch gar nicht so spannend, wie die Eltern sich das vorstellen. Denn was wir über den Tagesablauf der Tochter erfahren, sind nur die Vorstellungen, die sich die Eltern darüber machen.

Aber auch die Eheleute selbst scheinen einander fremd geworden zu sein. Sie haben sich offenbar nichts mehr zu sagen. Ihre Gedanken und Gespräche kreisen nur um die Tochter, die ihr einziger Lebensinhalt geworden ist. Das unterstreicht der Autor auch schon mit dem gewählten Titel Die Tochter. Deutlich wird das auch daran, dass erst wieder Bewegung in die Situation kommt, als die Mutter den einfahrenden Zug hört und sich erhebt (Z. 73).

Deshalb komme ich zu dem Entschluss, dass das Verhältnis zwischen den Eltern und der Tochter fremdartig ist. Peter Bichsel hat in seiner Kurzgeschichte eine gut vorstellbare Situation hervorgerufen. Er möchte die Eltern, deren Kinder erwachsen geworden sind, dazu auffordern, ihre Kinder loszulassen. Die Kinder sollen ihren eigenen Weg gehen können. Allerdings möchte er auch an die Kinder und zukünftigen Erwachsenen appellieren, sich mit ihren Eltern auseinander zusetzen. Probleme im gemeinsamen Umgang sollen aktiv angesprochen werden.

4 Nummeriere am Rand die Stellen, an denen du sprachliche und/oder inhaltliche Veränderungen, Streichungen oder Ergänzungen vornehmen würdest.

5 Verdeutliche den Aufbau der Arbeit, indem du Einleitung, Hauptteil und Schluss durch einen Strich voneinander trennst.

6 Markiere mit unterschiedlichen Farben die Stellen im Text, wo die in der Aufgabenstellung aufgeführten Aspekte behandelt werden.

7 Schreibe die Klassenarbeit unter Beachtung deiner Korrekturzeichen und Anmerkungen um.

8 Vergleiche deine Korrekturen und Aufzeichnungen mit der im Lösungsteil abgedruckten korrigierten Arbeit und dem dort formulierten Erwartungshorizont.

→ Markiere Übereinstimmungen mit deinen Aufzeichnungen grün und Unterschiede rot.

→ Überprüfe anhand des Erwartungshorizonts, ob die Aufgabenstellung in der von dir umformulierten Klassenarbeit in allen Punkten vollständig gelöst worden ist.

1.4 Ein Lernportfolio führen

WISSEN

Der Begriff **Portfolio** bezeichnet eine Mappe, in der du eigene Produkte (Hausaufgaben, Aufsätze, Bilder, Arbeiten, Referate ...) sammelst und aufbewahrst.

.Das Führen eines Lernportfolios ermöglicht dir, ...

- ... deinen Lernprozess selbstständig zu steuern, zu reflektieren und Lernerfolge wie auch Schwierigkeiten wahrzunehmen.
- ... die Kompetenzbereiche des Deutschunterrichts je nach Wissen und Können individuell zu vertiefen.
- ... dich eigenständig mit Texten, der Rechtschreibung und der Grammatik auseinanderzusetzen.
- ... deinen Schreibstil zu verbessern.
- ... deinen Wortschatz gezielt zu erweitern.

1 Ermittle in deiner letzten Klassenarbeit die Fehlerschwerpunkte.
→ Stelle eine Auflistung zusammen, welche Art von Fehlern du in welcher Häufigkeit begehst.

2 Lege ein Lernportfolio an.
→ Besorge dir die folgenden Materialien:
- DIN A4-Ordner,
- farbige Blätter zum Unterteilen der einzelnen Bereiche.

→ Gestalte ein Deckblatt und ein „mitwachsendes Inhaltsverzeichnis", in das du jedes neu hinzukommende Produkt aufnehmen kannst.

3 Arbeite gezielt an den von dir ermittelten Fehlerschwerpunkten.
→ Notiere Rechtschreib-, Grammatik- und Zeichensetzungsregeln und suche im Internet oder in Büchern nach Übungen, mit denen du gezielt deine Schwächen bekämpfen kannst.
→ Erstelle eine Tabelle mit deinen Ausdrucksfehlern. Schreibe den fehlerhaften Ausdruck in die linke und den korrekten Begriff in die rechte Spalte. Schlage gegebenenfalls die Bedeutung des korrekten Begriffs nach und suche Synonyme.
→ Erweitere deinen Wortschatz, indem du bei der Lektüre von Texten und Büchern dir unbekannte Wörter nachschlägst, in eine Vokabeltabelle einträgst und lernst.
→ Verbessere deinen Stil, indem du aus Sachtexten Formulierungen herausschreibst, die du gerne selbst gezielt einsetzen möchtest.
→ Lies dein Lernportfolio vor der folgenden Klassenarbeit konzentriert durch und präge dir ein, worauf du achten musst, um nicht wieder die gleichen Fehler zu machen.

4 Erweitere deine Lese- und Schreibkompetenz, indem du gezielt Presseartikel zu aktuellen Themen liest und diese zusammenfasst. Du kannst deinen Lehrer bitten, diese zu korrigieren.

Bei der schriftlichen Analyse einer **Dramenszene** kommt es darauf an, sich deren **Art** (**Komödie**, **Tragödie** oder **bürgerliches Trauerspiel**) und **Form** (**offen** oder **geschlossen**) bewusst zu machen, den **Handlungsverlauf** nachzuvollziehen sowie die Beteiligung der **Figuren** am Handlungsverlauf und den Gegenstand ihrer **Dialoge** (gegebenenfalls auch **Monologe**) genau zu erfassen und zu deuten.

1 Vorüberlegungen zu Art und Form des Dramas anstellen

→ **Lies** die vorgegebene **Szene** und **halte** kurz dein vorläufiges **Textverständnis fest.**

→ **Notiere**, um welche **Art** von Drama es sich handelt (Komödie, Tragödie ...).

→ **Bestimme** anhand deiner Kenntnisse, ob es sich um ein **klassisches Drama** in geschlossener Form oder um ein **offenes Drama** handelt, und **belege deine Bestimmung mit Stichpunkten** aus dem Dramentext.

2 Fragen an den Text stellen

→ **Erschließe** mithilfe der folgenden Fragen **die wesentlichen Aspekte** der Dramenszene und **notiere Stichpunkte**. **Ergänze** auch **Textstellen**, die deine Ergebnisse belegen.

ERSCHLIESSUNGSASPEKTE

Aspekt 1 – Handlung

- Stellung der Szene im Handlungsverlauf: Wo steht die Szene innerhalb des gesamten Textes? Was ist ihr unmittelbar vorausgegangen, was folgt? Stellt die Szene einen Wendepunkt in der Handlung dar?
- Handlungsverlauf: Wovon handelt die Szene? Was ist das Thema? Wie ist die Szene aufgebaut (Handlungsschritte, Störungen im Verlauf, Höhe- oder Wendepunkte etc.)? Wie lässt sich die Handlung der Szene in einer Spannungskurve darstellen?
- Art der Handlung: Ist die Handlung eher konfliktträchtig oder harmoniebestimmt? Wo spielt die Handlung (privater Bereich oder öffentlicher Bereich)? Welche Figur(en) ist (sind) aktiv oder läuft die Handlung eher passiv/automatisch ohne Zutun der Figuren ab?

Aspekt 2 – Figuren und ihr Verhältnis (ihre Konstellation) zueinander

- Was kann man über Herkunft, Stand und Vorgeschichte der Personen sagen?
- Welche Gefühle, Gedanken, Einstellungen oder Eigenschaften werden deutlich?
- Welche offensichtlichen oder verborgenen Handlungsmotive und Ziele werden sichtbar?
- Welche typischen Gesten, Verhaltensweisen oder Tätigkeiten zeigen die Figuren und was drücken diese aus?
- Wie kann man die Beziehungen zu den anderen Personen beschreiben?
- Welche sprachlichen und nicht sprachlichen Besonderheiten fallen auf oder charakterisieren die Personen?

ERSCHLIESSUNGSASPEKTE

Aspekt 3 – Gesprächs- oder Dialogführung
- Worum geht es in dem Gespräch/im Dialog?
- Welche Positionen werden vertreten?
- Welchen Verlauf nimmt das Gespräch/der Dialog?
- Gibt es Zuspitzungen?
- Ist das Gespräch/der Dialog eher symmetrisch (gleiche Gesprächsanteile) oder komplementär (Unterschiede in Bezug auf Stellung und Redeanteile; einer ist dominant, der andere untergeordnet)?

Aspekt 4 – Bedeutung der Szene für die Intention des gesamten Dramas
- In welcher Weise wird das Thema des Dramas entfaltet oder sichtbar?
- Welche Bedeutung haben die Regieanweisungen?
- Welche Bedeutung hat die Szene für die Ausgestaltung der Hauptfigur?
- Gelangt die Figur in dieser Szene in eine wichtige Entscheidungssituation?
- Welche Wirkung hat die Szene auf den gesamten Verlauf des Dramas (Formmerkmale, Wirkung auf den Zuschauer ...)?

3 Einen zusammenhängenden Text zur Deutung schreiben

→ **Verfasse** eine **Einleitung** mit folgenden Informationen:
- **Wichtige Daten zum Drama** (Autor, Titel, Entstehungsjahr/Jahr der Uraufführung, geschichtlicher Hintergrund, Epochenzugehörigkeit)
- **Szene/Szenenausschnitt** (Einbettung in den Gesamtzusammenhang: Kontextuierung der Szene),
- **Anlass und Thema des Dialogs**/der Dialoge, der Dialogpartner/Figuren

→ **Formuliere** als Ausgangspunkt und roten Faden der Analyse eine **Deutungshypothese** zu der Szene. Diese kann sich zum Beispiel auf die zentralen Charakterzüge der Figuren und die Konflikte der Szene beziehen.

→ **Verfasse** eine **Inhaltsangabe** der Szene. So kannst du die späteren Deutungsergebnisse anschaulich an den Szeneninhalt anbinden.

→ **Stelle** im **Hauptteil** die Ergebnisse deiner durch die Fragen ermittelten **Analyse dar** und **belege** sie mit passenden **Textstellen. Entscheide**, ob du hierbei den Dialog abschnittsweise deuten (**lineares Vorgehen**) oder bestimmte Deutungsaspekte (**aspektorientiertes Vorgehen**) untersuchen und beschreiben willst.

→ **Fasse** im **Schlussteil** die **Ergebnisse** noch einmal **zusammen**. Überprüfe dabei auch deine Deutungshypothese und formuliere eine kurze wertende Stellungnahme, bei der du auch die Bedeutung der Szene für die gesamte Handlung und das Thema des Dramas miteinbeziehst.

TIPPS UND QUERVERWEISE

Stilmittel (☞ S. 28), Satzbau (☞ S. 70 ff.), epische Texte (☞ S. 36)

ACHTUNG: FEHLERQUELLEN!

Beobachtungen zur Sprechweise der Dialogpartner werden nicht als eigener Gliederungspunkt, sondern im Zusammenhang abgehandelt. Vermutungen sollten mit „eventuell“, „möglicherweise“ usw. gekennzeichnet werden. Es muss auch beachtet werden, dass von der aspektorientierten Analyse nicht zur linearen Analyse gewechselt werden darf.

2.1 Merkmale des Dramas wiederholen

1 Ordne jeder Dramenart die richtige Erklärung zu.

A) Tragödie ______ **B)** Komödie ______ **C)** Tragikomödie ______

a) Die Wirkung ist heiter und durch einen glücklichen Ausgang für die handelnden Figuren bestimmt.
b) Es wirken widersprüchliche Elemente zusammen: Einerseits wird die Tragik durch komische Passagen abgemildert und andererseits die Komik durch tragische Anteile verzerrt.
c) Im Mittelpunkt steht ein Konflikt, für den die Hauptfigur (der Protagonist) keine Lösung sieht und der in eine Katastrophe mündet.

2 Schreibe jeweils eine Definition der für die Dramenanalyse wichtigen Fachbegriffe in dein Heft.

Szene • Monolog • Exposition • Katastrophe • Akt

3 Lies die Informationen über die Tragödie und das bürgerliche Trauerspiel. Fülle die Tabelle im Heft aus, indem du stichwortartig die wesentlichen Kennzeichen der beiden Dramenformen einander gegenüberstellst.

Die **klassische Tragödie** war durch einen strengen Aufbau gekennzeichnet: 1. Akt: Exposition, 2. Akt: Steigerung, 3. Akt: Höhepunkt, 4. Akt: Retardation, 5. Akt: Katastrophe. Die Regel von der Einheit von Ort, Zeit und Handlung besagt, dass das Geschehen an einem Ort spielen muss, nicht länger als 24 Stunden dauern darf und sich auf einen Handlungsstrang beschränken muss. Auch gilt es, die Ständeklausel einzuhalten, nach der nur Könige und Adelige Hauptpersonen einer Tragödie sein können, denn – so die Begründung – wenn einer Person von hohem Stande ein Unglück widerfahre, bewirke dies eine größere Erschütterung, als wenn es sich um Personen eines einfachen Standes handle (*tragische Fallhöhe*).
In der Aufklärung entwickelte sich das **bürgerliche Trauerspiel**, in dem der klassische Aufbau und die drei Einheiten beibehalten werden. Neu ist dagegen, dass Personen bürgerlichen Standes in den Mittelpunkt rücken. Das Bürgertum vertritt hier die Normen von Tugend und Moral und wird oft dem korrupten Adel gegenübergestellt, der seine Machtposition willkürlich ausnutzt. Insofern ist das bürgerliche Trauerspiel auch Ausdruck des erstarkenden bürgerlichen Selbstverständnisses und Selbstbewusstseins im Zeitalter der Aufklärung, das sich allerdings noch nicht im politischen Geschehen manifestiert.

Klassisches Drama	Bürgerliches Trauerspiel

2.2 Eine Dramenszene beschreiben und deuten

1 Lies den folgenden Text und kreuze anschließend die jeweils zum Textinhalt passende Aussage an.

Informationen zu Max Frisch und „Andorra“

Der Autor Max Frisch wurde 1911 in Zürich geboren, wo er 1991 auch verstarb. Frisch studierte Architektur an der Universität in Zürich und arbeitete danach als Journalist und Architekt. Seine Reisen führten ihn durch Europa, Amerika und nach Mexiko. Seit Beginn der fünfziger Jahre war er als freier Schriftsteller tätig. Zentrale Themen seines zeitkritischen Werkes sind Selbstentfremdung und das Ringen um Identität in einer ebenso entfremdeten Welt. Mit Friedrich Dürrenmatt gehört er zu den wichtigsten Schweizer Schriftstellern der Nachkriegszeit.
Zu Frischs frühen Dramen zählt „Die Chinesische Mauer“ (1946), in der in Anlehnung an Bertolt Brechts Technik zur Verfremdung antike und moderne Schauplätze und Charaktere vermischt werden.
Sein wohl bekanntestes Stück „Andorra“ (1961) knüpft an die Thematik der Folgen des Antisemitismus an, während „Biedermann und die Brandstifter“ (1958) anhand einer absurden Einquartierungssituation die Anpassungsmentalität des satten Bürgertums und seine Anfälligkeit für autoritäre Herrschaftsformen bloßlegt. Bekannte Romane von Frisch sind „Stiller“ (1954) und „Homo Faber“ (1957).

Frisch wurden viele Preise verliehen. So erhielt er 1958 den Georg-Büchner-Preis und 1976 den Friedenspreis des Börsenvereins des Deutschen Buchhandels.

Das Stück „Andorra“ erzählt, aufgeteilt in zwölf Bilder, die Geschichte des jungen Andri, der von allen für einen Juden gehalten wird, ohne einer zu sein. Geschrieben ist das Drama fast ausschließlich in Dialogform. Andorra ist nicht der reale Ort, sondern, wie Frisch sagt, ein Modell.
Die Andorraner leben in Feindschaft mit ihren Nachbarn, den sogenannten „Schwarzen“. Die Bedrohung durch diese wächst zunehmend. Der Lehrer Can hat mit einer „Schwarzen“ ein Kind. Aus Feigheit vor den Anderen überlegt er sich eine Lüge. Er gibt seinen Sohn Andri als Juden aus, den er an der Grenze vor den antisemitischen „Schwarzen“ gerettet habe. Andri wird von vielen Dorfbewohnern ausgeschlossen. Ständig machen sie ihn auf seine „jüdischen“ Eigenschaften aufmerksam und so platzt auch Andris Wunsch, Tischler zu werden, da sein Lehrherr, der Tischler, meint, er sei als Kaufmann besser geeignet. Andri nimmt das ihm geschilderte „jüdische Verhalten“ an, aber es gelingt ihm zunächst trotz der Probleme, sein Leben zu bewältigen.
Doch als ihm der Lehrer verbietet, seine Tochter Barblin, die ja in Wirklichkeit Andris leibliche Schwester ist, zu heiraten, glaubt dieser, dass nun auch der Lehrer ihn wegen seiner jüdischen Herkunft ablehnt.
Als Andri dann auch noch beobachtet, dass eines Nachts der Soldat Peider aus Barblins Kammer kommt, ohne zu ahnen, dass dieser gewaltsam dort eingedrungen ist, fühlt er sich von der ganzen Welt verraten. Auch der Pater des Ortes scheitert mit seinen Vermittlungsversuchen.
Eines Tages kommt Andris Mutter in das Dorf. Sie will ihm gemeinsam mit seinem Vater die Wahrheit sagen, da die beiden hoffen, dass sich dadurch seine Situation verbessert und er nicht mehr ausgeschlossen wird. Andri glaubt den beiden jedoch nicht. Er greift aus Eifersucht den Soldaten an und wird brutal niedergeschlagen. Währenddessen wird Andris leibliche Mutter ermordet und er dieser Tat beschuldigt. Bevor die Angelegenheit geklärt werden kann, fallen die „Schwarzen“ in Andorra ein und treiben alle Bewohner auf den Dorfplatz zusammen, um eine „Judenschau“ durchzuführen. Andri wird verhaftet und getötet, der Lehrer erhängt sich.

☐ Max Frisch war einer der bekanntesten Schweizer Schriftsteller.
☐ Max Frisch war ein Dramendichter aus der Schweiz.
☐ Max Frisch war ein deutscher Dramendichter.

☐ „Andorra“ behandelt das Thema Antisemitismus exemplarisch anhand eines fiktiven Staates.
☐ „Andorra“ behandelt das Thema Antisemitismus in Andorra.
☐ „Andorra“ behandelt unter anderem das Thema Antisemitismus.

☐ Die Andorraner leben in Feindschaft mit ihren Nachbarn und haben Vorurteile Andri gegenüber, weil seine Mutter eine „Schwarze“ ist.
☐ Andri glaubt, er sei ein Findelkind, das aus dem Land der „Schwarzen“ kommt.
☐ Andri ist ein echter Andorraner.

☐ Andri darf nicht Tischler werden, da er handwerklich ungeschickt ist.
☐ Andris Lehrherr verhindert, dass Andri Tischler wird, da er ihn aufgrund seiner Vorurteile stattdessen als Buchhalter einsetzt.
☐ Andri entscheidet sich dafür, ein Buchhalter anstelle eines Tischlers zu werden.

☐ Barblin ist Andris Ziehschwester, deshalb darf er sie nicht heiraten.
☐ Barblin ist Andris leibliche Schwester, deshalb darf er sie nicht heiraten.
☐ Der Lehrer will nicht, dass ein jüdischer Mann seine Tochter Barblin heiratet.

☐ Andri sieht, dass der Soldat Peider mit Gewalt in Barblins Kammer eindringt.
☐ Barblin hat den Soldaten Peider eingeladen, in ihre Kammer zu kommen, was Andri mitbekommt.
☐ Andri beobachtet, dass der Soldat Peider aus Barblins Kammer kommt.

☐ Eines Tages kommt Andris Mutter in das Dorf, weil sie ihm gemeinsam mit dem Vater die Wahrheit über seine Herkunft mitteilen will, damit sich seine Situation verbessert.
☐ Andris Mutter will sich an Andris Vater rächen und Andri die Wahrheit über seine Herkunft sagen.
☐ Andris Vater will seinem Sohn die Wahrheit sagen, damit er selbst sich besser fühlt.

☐ Andris leibliche Mutter wird ermordet und er wird dieser Tat beschuldigt.
☐ Andris leibliche Mutter wird von ihm ermordet.
☐ Andris Mutter wird von einer Unbekannten ermordet.

☐ Bevor der Mord aufgeklärt werden kann, fallen die „Schwarzen“ in Andorra ein und treiben alle Bewohner auf den Dorfplatz zusammen, um eine „Judenschau“ durchzuführen. Andri wird verhaftet und getötet, der Lehrer erhängt sich.
☐ Nachdem der Mord aufgeklärt worden ist, wird Andri verhaftet und getötet.
☐ Parallel zum Mord überfallen die „Schwarzen“ Andorra und treiben alle Bewohner auf den Dorfplatz zusammen, um eine „Judenschau“ durchzuführen. Andri wird verhaftet und getötet, der Lehrer erhängt sich.

2 Max Frischs Drama „Andorra" ist ein „Stück in zwölf Bildern", wie es im Untertitel heißt. Zwei große Themenkomplexe von jeweils sechs Bildern lassen sich ausmachen. Während in den ersten sechs Bildern die wachsende Ausgrenzung Andris aus der Gemeinschaft der Andorraner gezeigt wird, thematisieren die Bilder sieben bis zwölf Andris fortschreitende Identifikation mit seinem Anderssein. Er nimmt sein Schicksal an und ergibt sich in die Rolle des „Judseins". Im siebten Bild findet in der *Sakristei*[1] ein entscheidendes Gespräch zwischen Andri und dem Pater statt. Lies den Auszug.

*1 **die Sakristei:*** Kirchenraum neben dem Chorraum, in dem der Geistliche sich auf die Messe vorbereiten kann

Texte von Max Frisch dürfen aus urheberrechtlichen Gründen nur in alter Rechtschreibung abgedruckt werden.

Siebtes Bild

Sakristei, der Pater und Andri.

Pater Andri, wir wollen sprechen miteinander. Deine Pflegemutter wünscht es. Sie macht sich große Sorgen um dich ... Nimm Platz!

Andri schweigt.

Nimm Platz, Andri!

Andri schweigt.

Du willst dich nicht setzen?

Andri schweigt.

Ich verstehe, du bist zum ersten Mal hier. Sozusagen. Ich erinnere mich: Einmal, als euer Fußball hereingeflogen ist, sie haben dich geschickt, um ihn hinter dem Altar zu holen.

Der Pater lacht.

Andri Wovon, Hochwürden, sollen wir sprechen?

Pater Nimm Platz!

Andri schweigt.

Also du willst dich nicht setzen.

Andri schweigt.

Nun gut.

Andri Stimmt das, Hochwürden, daß ich anders bin als alle?

Pause

Pater Andri, ich will dir etwas sagen.

Andri – Ich bin vorlaut, ich weiß.

Pater Ich verstehe deine Not. Aber du sollst wissen, daß wir dich gern haben, Andri, so wie du bist. Hat dein Pflegevater nicht alles getan für dich? Ich höre, er hat Land verkauft, damit du Tischler wirst.

Andri Ich werde aber nicht Tischler.

Pater Wieso nicht?

Andri Meinesgleichen denkt alleweil nur ans Geld, heißt es, und drum gehöre ich nicht in die Werkstatt, sagt der Tischler, sondern in den Verkauf. Ich werde Verkäufer, Hochwürden.

Pater Nun gut.

Andri Ich wollte aber Tischler werden.

Pater Warum setzest du dich nicht?

Andri Hochwürden irren sich, glaub ich. Niemand mag mich. Der Wirt sagt, ich bin vorlaut, und der Tischler findet das auch, glaub ich. Und der Doktor sagt, ich bin ehrgeizig, und meinesgleichen hat kein Gemüt.

Pater Setz dich!

Andri Stimmt das, Hochwürden, daß ich kein Gemüt habe?

Pater Mag sein, Andri, du hast etwas Gehetztes.

Andri Und Peider sagt, ich bin feig.

Pater Wieso feig?

Andri Weil ich Jud bin.

Pater Was kümmerst du dich um Peider!

Andri schweigt.

Andri, ich will dir etwas sagen.

Andri Man soll nicht immer an sich selbst denken, ich weiß. Aber ich kann nicht anders, Hochwürden, es ist so. Immer muß ich denken, ob's wahr ist, was die andern von mir sagen: daß ich nicht bin wie sie, nicht fröhlich, nicht gemütlich, nicht einfach so. Und Hochwürden finden ja auch, ich hab etwas Gehetztes. Ich versteh schon, daß niemand mich mag. Ich mag mich selbst nicht, wenn ich an mich selbst denke.

Der Pater erhebt sich.

Kann ich jetzt gehn?

Pater Jetzt hör mich einmal an!

Andri Was, Hochwürden, will man von mir?

Pater Warum so mißtrauisch?

Andri Alle legen ihre Hände auf meine Schulter.

Pater Weißt du, Andri, was du bist?

Der Pater lacht.

Du weißt es nicht, drum sag ich es dir.

Andri starrt ihn an.

Ein Prachtskerl! In deiner Art. Ein Prachtskerl! Ich habe dich beobachtet, Andri, seit Jahr und Tag –

Andri Beobachtet?

Pater Freilich.

Andri Warum beobachtet ihr mich alle?

Pater Du gefällst mir, Andri, mehr als alle andern, ja, grad weil du anders bist als alle. Was schüttelst du den Kopf? Du bist gescheiter als sie. Jawohl! Das gefällt mir an dir, Andri, und bin froh, daß du gekommen bist und daß ich es dir einmal sagen kann.

Andri Das ist nicht wahr.

Pater Was ist nicht wahr?

Andri Ich bin nicht anders. Ich will nicht anders sein. [...]

Ich will mich nicht beliebt machen. Ich werde mich wehren. Ich bin nicht feig – und nicht gescheiter als die andern, Hochwürden, ich will nicht, daß Hochwürden das sagen.

Pater Hörst du mich jetzt an?

Andri Nein.

Andri entzieht sich.

Ich mag nicht immer eure Hände auf meinen Schultern ...

Pause

Pater Du machst es einem wirklich nicht leicht.

Pause

Kurz und gut, deine Pflegemutter war hier. Mehr als vier Stunden. Die gute Frau ist ganz unglücklich. Du kommst nicht mehr zu Tisch, sagt sie, und bist verstockt. Sie sagt, du glaubst nicht, daß man dein Bestes will.

Andri Alle wollen mein Bestes!

Pater Warum lachst du?

Andri Wenn er mein Bestes will, warum, Hochwürden, warum will er mir alles geben, aber nicht seine eigene Tochter?

Pater Es ist sein väterliches Recht –

Andri Warum aber? Warum? Weil ich Jud bin.

Pater Schrei nicht!

Andri schweigt.

Kannst du nichts andres mehr denken in deinem Kopf? Ich habe dir gesagt, Andri, als Christ, daß ich dich liebe – aber eine Unart, das muß ich leider schon sagen, habt ihr alle: Was immer euch widerfährt in diesem Leben, alles und jedes bezieht ihr nur darauf, daß ihr Jud seid. Ihr macht es einem wirklich nicht leicht mit eurer Überempfindlichkeit.

Andri schweigt und wendet sich ab.

Du weinst ja.

Andri schluchzt, Zusammenbruch.

Was ist geschehen? Antworte mir. Was ist denn los? Ich frage dich, was geschehen ist, Andri! So rede doch. Andri? Du schlotterst ja. Was ist mit Barblin? Du hast ja den Verstand verloren. Wie soll ich helfen, wenn du nicht redest? So nimm dich doch zusammen. Andri! Hörst du? Andri! Du bist doch ein Mann. Du! Also ich weiß nicht.

Andri – meine Barblin.

Andri läßt die Hände von seinem Gesicht fallen und starrt vor sich hin.

Sie kann mich nicht lieben, niemand kann's, ich selbst kann mich nicht lieben ...

Ein tritt ein Kirchendiener mit einem Meßgewand.

Kann ich jetzt gehn?

Pater Du kannst trotzdem bleiben.

Der Kirchendiener kleidet den Pater zur Messe.

Du sagst es selbst. Wie sollen die andern uns lieben können, wenn wir uns selbst nicht lieben? Unser Herr sagt: Liebe deinen Nächsten wie dich selbst. Er sagt: Wie dich selbst. Wir müssen uns selbst annehmen, und das ist es, Andri, was du nicht tust. Warum willst du sein wie die andern? Du bist gescheiter als sie, glaub mir, du bist wacher. Wieso willst du's nicht wahrhaben? 's ist ein Funke in dir. Warum spielst du Fußball wie diese Blödiane alle und brüllst auf der Wiese herum, bloß um ein Andorraner zu sein? Sie mögen dich alle nicht, ich weiß. Ich weiß auch warum. 's ist ein Funke in dir. Du denkst. Warum soll's nicht auch Geschöpfe geben, die mehr Verstand haben als Gefühl? Ich sage: Gerade dafür bewundere ich euch. Was siehst du mich so an? 's ist ein Funke in euch. Denk an *Einstein* [1]! Und wie sie alle heißen. *Spinoza* [2]!

Andri Kann ich jetzt gehn?

Pater Kein Mensch, Andri, kann aus seiner Haut heraus, kein Jud und kein Christ. Niemand. Gott will, daß wir sind, wie er uns geschaffen hat. Verstehst du mich? Und wenn sie sagen, der Jud ist feig, dann wisse: Du bist nicht feig, Andri, wenn du es annimmst, ein Jud zu sein. Im Gegenteil. Du bist nun einmal anders als wir. Hörst du mich? Ich sage: Du bist nicht feig. Bloß wenn du sein willst wie die Andorraner alle, dann bist du feig ...

Eine Orgel setzt ein.

Andri Kann ich jetzt gehn?

Pater Denk darüber nach, Andri, was du selbst gesagt hast: Wie sollen die andern dich annehmen, wenn du dich selbst nicht annimmst?

Andri Kann ich jetzt gehn ...

Pater Andri, hast du mich verstanden?

1 Der Physiker ***Albert Einstein***, geboren 1879 in Ulm, Entdecker der Relativitätstheorie und Mitbegründer der Quantenmechanik, wanderte wegen seiner jüdischen Herkunft nach der Machtübernahme der Nationalsozialisten 1933 in die USA aus, wo er 1955 starb.

2 Der Philosoph ***Baruch de Spinoza***, geboren 1632 in Amsterdam, gestorben 1677 in Den Haag, stammte aus einer von Portugal nach Holland eingewanderten jüdischen Familie.

3 Notiere kurz, worum es in dem Gespräch zwischen dem Pater und Andri geht.

4 Kreuze an, welche der Skizzen deiner Meinung nach die Beziehung der Gesprächspartner am Ende des Dialogs am besten zeigt.

- ☐ Andri ⟶ ⟵ Pater
- ☐ Andri ⟵ ⟶ Pater
- ☐ Andri ↓ Pater
- ☐ Andri ↑ Pater

5 Begründe deine Entscheidung und füge einen passenden Textbeleg an, der deine Entscheidung stützt. Achte bei deiner Formulierung auf eine korrekte Zitierweise.

Beispiel: *An der Frage des Paters: „passendes Zitat …" (Z. XX), zeigt sich deutlich …*

6 Wähle die Wertung aus, die deiner Meinung nach dem Drama „Andorra" am nächsten kommt. Begründe deine Wahl in drei bis vier Sätzen.

☐ Der Autor versucht aufzuzeigen, wie sich das Gewissen und das Verhalten eines Menschen verändern können, wenn man ihm etwas einredet. Außerdem will er mitteilen, welche fatalen Folgen Vorurteile haben können, zumal wenn sich diese unter Umständen als falsch herausstellen.

☐ Max Frisch zeigt, dass die Menschen in diesem fiktiven Staat Andorra nur nach ihren Vorurteilen handeln.

☐ Max Frisch zeigt in diesem Stück, was alles durch die Vorurteile von Menschen gegenüber anderen Menschen passieren kann. Nicht nur, dass der Rassismus dadurch wächst und sogar verteidigt wird, sondern dass auch Gegner getötet, auf ein menschenunwürdiges Niveau herabgesetzt werden oder sich selbst umbringen, da sie mit dieser Welt nicht mehr zurechtkommen.

7 Verfasse mithilfe der oben stehenden Informationen, der Seite „So geht's" (☞ S. 17) und deiner bisherigen Notizen eine Analyse des siebten Bildes aus „Andorra". Berücksichtige dabei folgende Aufgabenstellung:

→ Untersuche das Gespräch zwischen Andri und dem Pater im Hinblick auf deren Handlungsmotive und Verhaltensweisen und ordne es in den Handlungszusammenhang ein.

→ Beurteile unter Beachtung des Handlungsortes und der Regieanweisungen, welche Wirkung dieser Auftritt auf den Leser/Zuschauer hat.

so geht's

Ein Gedicht kann man im Hinblick auf seinen **formalen** und **inhaltlichen Aufbau** sowie die **sprachliche Gestaltung untersuchen** und unter Einbeziehung u. a. **des Entstehungshintergrundes deuten**.

1 Das Gedicht gründlich lesen und den Inhalt erfassen

→ **Lies** das Gedicht zunächst mehrmals und **markiere Wesentliches**.

→ **Notiere Stichpunkte** und **Fragen** zum **Was**? (Titel, Thema, Motiv, Handlung, Situation des lyrischen Ich), zum **Wie**? (Strophen, Verse, Reime, besondere Stilmittel) und zum **Warum**? (Entstehungszeit, Lebensgeschichte des Autors/der Autorin ...).

2 Fragen an den Text stellen

→ **Formuliere** eine **Aussage** oder Lehre, die den **Kerngedanken** des Gedichtes wiedergibt. Beziehe auch die Überschrift in deine Überlegungen ein.

→ **Ermittele** den **Sprecher**: Handelt es sich um ein lyrisches Ich, um ein Rollengedicht ...? Notiere passende Textstellen mit Versangabe.

→ **Stelle tabellarisch** anhand von **Textstellen dar**, wie **Form** und **Inhalt** bei der Gestaltung der Aussage des Textes **zusammenwirken** (z. B. Metrum und Gefühle oder Metaphern und Stimmungen).

3 Schreiben der Analyse

→ Schreibe eine Einleitung, die folgende **Informationen** enthält: Textsorte/Gedichtart, Titel, Autor/in, Erscheinungsjahr, Thema.

→ **Formuliere** eine **Deutungshypothese**.

→ **Fasse** im Hauptteil **den Inhalt** des Gedichtes **zusammen**.

→ **Analysiere** strophenweise die **Aussage** des Gedichtes und untersuche, wie die **äußere Form** (Strophen, Verse, Reim, Metrum ...) und die **sprachlichen Mittel** (Metaphern, Vergleiche, Personifikationen ...) die **Aussage unterstreichen**. Belege deine Ausführungen am Text.

→ **Erläutere, wie das Gedicht** auf den Leser/den Zuhörer **wirkt**.

→ **Überprüfe** im Schlussteil deine **Deutungshypothese**. Fasse deine Arbeitsergebnisse zusammen und gib deine **eigene Meinung** zum Gedicht wieder. **Ordne** es, falls verlangt, **in den literaturgeschichtlichen oder biografischen Kontext ein**.

TIPPS UND QUERVERWEISE

Stilmittel (☞ S. 28), Korrekturzeichen (☞ S. 12)

ACHTUNG: FEHLERQUELLEN!

Beobachtungen über Form, Sprache und Inhalt sollten mit passenden Verknüpfungswörtern (*so entsteht die Wirkung, dass .../dieses Metrum trägt durch seinen Rhythmus zu ... bei/das sieht man daran, dass ...*) verbunden werden, sonst entsteht eine ungenaue Analyse. Wichtig ist es auch, die Fachbegriffe für die Stilmittel richtig anzuwenden. Textbelege sind unverzichtbar bei einer Analyse.

3.1 Merkmale lyrischer Texte wiederholen

1 Ergänze, ohne nachzuschlagen, die Definition der Fachbegriffe.

Metrum ______________________________

____

Versfuß ______________________________

____

Daktylus ______________________________

____

Jambus ______________________________

____

Trochäus ______________________________

____

2 Bestimme das Reimschema der folgenden Verse mit dem richtigen Fachterminus.

Es war einmal ein Lattenzaun, ______________________________
mit Zwischenraum, hindurchzuschaun.
Christian Morgenstern

Ein junges Mädchen kam nach Baden, ______________________________
Brigitte B. war sie genannt,
Fand Stellung dort in einem Laden,
Wo sie gut angeschrieben stand.
Frank Wedekind

Vom Efeu können wir viel lernen: ______________________________
er ist sehr grün und läuft spitz aus.
Er rankt rasch, und er ist vom Haus,
an dem er wächst, schwer zu entfernen.
Robert Gernhardt

Die Jahre wissen keinen Halt, ______________________________
Sie achten keiner Zügel,
Der Mensch wird unversehens alt,
Als hätt er schnelle Flügel.
Was schon der Tod hat hingebracht,
Wird nimmer wieder kommen;
Wird denn in jener langen Nacht
Dein Traurigsein dir frommen?
Simon Dach

3 Kennzeichne jeweils die Hebungen und Senkungen und bestimme das Metrum.

- x x́ x x́ x x́ x
Dein Herz gleicht ganz dem Meere → Jambus
- Immer wenn es regnet ____________
- Seltsam im Nebel zu wandern ____________
- Schenke groß oder klein ____________

WISSEN

Formmerkmale

Wort- und Satzgestaltung

(auffallend) **hypotaktisch:** stark verschachtelte Satzkonstruktionen
(auffallend) **parataktisch:** nur Hauptsätze werden gereiht
Ellipse: Auslassung von leicht ergänzbaren Wörtern/Satzteilen *(Was nun? → Was sollen wir nun tun?)*
Inversion: Umkehrung der geläufigen syntaktischen Wortstellung *(Unendlich schön war der Himmel)*
Parallelismus: gleichartiger Bau von Sätzen oder Zeilen, Wiederholung gleicher oder bedeutungsgleicher Wörter *(Dieses Weinen und dies Klagen/Dieses Suchen und das Wagen)*
Chiasmus: Überkreuzstellung von ähnlichen Sätzen und Satzteilen *(Ich denke, also bin ich/ich bin, also denke ich)*

Vers

Verszeile
Strophen

→ **Inhalt**

Sonstige rhetorische Mittel

Alliteration: auch Stabreim genannt, zwei oder mehrere Wörter innerhalb einer Zeile oder eines Satzes besitzen den gleichen (betonten) Anlaut *(ein **st**arker **St**urm)*
Anapher: mehrere Sätze oder Zeilen beginnen mit dem gleichen Wort *(**Als** schlechte Nichtigkeit... **als** eine Wiesenblum)*
Antithese: innerhalb einer Sinneinheit (Satz, Absatz, Vers oder Strophe) stehen sich Gegensätze gegenüber *(der schwieg, als er sprechen sollte)*
Ironie: Darstellungsweise, die das Gegenteil des eigentlich Gesagten meint *(Das hast du ja wieder gut hinbekommen!)*

Klangbereich

Metrum/Versmaß: Anzahl und Abfolge von unbetonten Silben (Senkungen x) und betonten Silben (Hebungen x́) in fester Reihenfolge
- **Jambus** (unbetont, betont)
- **Trochäus** (betont, unbetont)
- **Anapäst** (unbetont, unbetont, betont)
- **Daktylus** (betont, unbetont, unbetont)

Rhythmus: Wechsel von Takten im Vers (Tonhöhe, Sprachmelodie, Klang, Silbenverteilung) und das Auftreten von
- **Zeilenstil** (Sinneinheit fällt mit dem Versende zusammen) oder
- Hakenstil (**Enjambement:** Sinneinheit ist versübergreifend)

Reim: Gleichklang von Wörtern in verschiedenen Verszeilen
Reimformen: Binnenreim • unreiner Reim • Endreim
Reimschema: Paarreim *(aabb)* • Kreuzreim *(abab)* • umschließender Reim *(abba/cddc/* usw.)

Bildlichkeit

Metapher: ein bildlicher Ausdruck, bei dem eine bekannte Wortbedeutung in übertragener (bildlicher) Bedeutung gebraucht wird *(am Fuß des Berges)*
Oxymoron: Sonderform der Metapher; fügt widersprüchliche Bedeutungsbereiche zusammen *(weiße Nacht, kalte Glut)*
Personifikation: Vermenschlichung von Dingen oder Abstrakta *(Not und Elend gingen Hand in Hand)*
Symbol: ein Gegenstand oder Vorgang weist auf allgemeine Sinnzusammenhänge hin *(Taube als Zeichen für Frieden)*
Vergleich: sprachliches Bild, das mit einer Vergleichspartikel (wie, als ob) formuliert wird *(Er ist listig wie eine Schlange)*

4 Lies das folgende Gedicht mehrmals.
→ Schlage Begriffe oder Wörter, die dir unbekannt sind, nach.
→ Markiere, unterstreiche oder notiere am Rand deine Leseeindrücke.
→ Vergleiche die Verse, in denen die Überschrift vorkommt, miteinander. Überlege, ob sie immer dasselbe bedeuten.

Ulla Hahn
Auf und davon (1980)

Hab' gesponnen das Gold
zu Stroh bin weil ich
so traurig bin froh
nicht so traurig wie gestern
zu sein mein Herz
allerliebster ist auf
und davon.

Ließ mein Haar hinunter
zur Nacht. Nicht die Alte
er war's der mir sacht
die Flechten zerschnitten dann
ist er geritten auf meinem Herzen
auf und davon.

Tropf mir kühlen Schnee in
mein Blut. Komm
zurück und sei wieder
gut genug für mich
scher dich mein Herz
zum Allerliebsten auf
und davon.

5 Kreuze an, welche Satzergänzung den Einleitungssatz am besten vervollständigt.

In dem Gedicht „Auf und davon" von Ulla Hahn
☐ geht es um Liebeskummer.
☐ wird das Gefühl des Verlassenwerdens von einem Geliebten thematisiert.
☐ geht es um wechselhafte Gefühle.

6 Trage jeweils die passende Strophennummer ein.

Fortgeführt wird die Anstrengung, endlich zu vergessen, in der ______ Strophe. In der ______ Strophe wird thematisiert, dass das lyrische Ich vom Geliebten verlassen wurde. Die ______ Strophe greift das Gefühl auf und zeigt bildhaft die Gefühle des Verletztwordenseins.

7 Kreuze die richtige Aussage zum Metrum an.

- ☐ Das Gedicht hat ein unregelmäßiges Metrum
- ☐ Die Verse beginnen immer mit einer unbetonten Silbe.
- ☐ Im Gedicht wechseln regelmäßig betonte und unbetonte Silben.

8 Beschreibe den Rhythmus des Gedichtes mit den im Schaubild (☞ S.28) genannten Fachbegriffen und erläutere seine Funktion in diesem Gedicht.

9 Notiere die Adjektive aus dem Gedicht, die die Stimmung oder die Atmosphäre des Gedichtes vermitteln.

10 Notiere eine Metapher und eine Personifikation mit der jeweiligen Versnummer und erläutere ihre Bedeutung im Gedicht

11 Persönliche Träume und Probleme des Privatlebens sind wichtige Themen der *Lyrik der neuen Subjektivität* (von Marcel Reich-Ranicki geprägter Begriff für eine neue Richtung der deutschen Literatur in den 70er Jahren).
→ Kreuze jeweils an, welcher Traum oder welches persönliche Problem im Gedicht zum Ausdruck kommt, und gib an, in welchen Versen sich dieses Thema spiegelt.

☐ Traurigkeit über eine private Enttäuschung bestimmt das Gefühlsleben.

Strophe ________ Vers ________

☐ Resignation durch das Verlassenwerden ist das dominante Gefühl.

Strophe ________ Vers ________

☐ Der Traum vom Neubeginn der vergangenen Beziehung wird erwogen.

Strophe ________ Vers ________

12 Ordne die Aussagen zum Inhalt der passenden Beobachtung zu Form und Sprache zu.

a) Denn während ein Teil seiner Wünsche darin besteht, dass der Geliebte zurückkehrt und es eine Neuauflage der glücklichen Beziehung gibt (V. 15 ff.: „Komm zurück und sei wieder gut genug für mich"), möchte es gleichzeitig auch, dass der Verstand über das Gefühl siegen kann, was mit der Metapher „Tropf mir kühlen Schnee in mein Blut" (V. 14 f.) plastisch ausgedrückt wird.
Die Steigerung der inneren Spannung verdeutlichen V. 18 – 20: „scher dich mein Herz zum Allerliebsten auf und davon."

b) Unterstrichen wird dieses durch die Anspielung auf Märchen und das Handeln der Märchenfiguren in Rumpelstilzchen, Rapunzel und Schneewittchen (vgl. V. 1 f., V. 8 f., V. 14 f.). Gleichzeitig lässt sich sagen, dass der spielerische Umgang mit den bekannten Floskeln der Märchensprache auch die Zerrissenheit und das Gefühl der Einsamkeit verstärkt. So hat es nichts geholfen, dass das lyrische Ich das Gold zu Stroh gesponnen hat (vgl. V. 1 f.), und es war nicht die böse Alte, sondern der Geliebte selbst, der den Zopf durchgeschnitten hat und dann weggegangen ist (vgl. V. 10–12).

c) Beispielsweise erwähnt das lyrische Ich, dass der Geliebte sein Herz gestohlen habe, „er ist geritten auf meinem Herzen auf und davon." (V. 12 f.)
Auch die Metapher in V. 14 f. zeigt ganz deutlich, dass zwischen Herz und Verstand ein Dilemma besteht: „Tropf mir kühlen Schnee in mein Blut". Auch wenn das lyrische Ich nicht explizit darauf hinweist, dass das Blut „heiß", also „in Wallung" ist, verstärkt sich dadurch sofort der Eindruck, dass das Gefühl noch stark ist.

d) So weist die fehlende Interpunktion auf den fließenden Gedankenstrom hin. Es gibt nur Punkte am Strophenende und jeweils in der zweiten Verszeile der Strophen zwei und drei. Auf Kommata wird ganz verzichtet. Der Gedankenstrom spiegelt sich deutlich im Hakenstil, der jedoch kein sanftes Fließen, sondern ein aufgewühltes Stolpern rhythmisiert. Die Syntax spiegelt unvollständige Gedankenfetzen wider und besteht in der Hauptsache aus verschachtelten Satzstücken, z. B. V. 15 ff.: „Komm zurück und sei wieder gut genug für mich scher dich mein Herz zum Allerliebsten auf und davon.". Reime gibt es nur in der 2. Strophe (Nacht/sacht, zerschnitten/geritten) (vgl. V. 9–11) und in der 3. Strophe (Blut/gut, mich/dich) (vgl. V. 2–4) inmitten der Zeilen (Binnenreime).

A) Das lyrische Ich leidet darunter, dass es die Beziehung immer noch nicht mit Abstand, d. h. gelassener sehen kann.

B) Die wenigen sprachlichen Bilder unterstreichen die Traurigkeit und die Zerrissenheit.

C) Der Rhythmus verdeutlicht das Hin-und-hergerissen-Sein des lyrischen Ich.

D) Die Liebe wird teilweise als unwirklich dargestellt und verklärt.

a) zu ____________ **c)** zu ____________

b) zu ____________ **d)** zu ____________

13 Schreibe abschließend eine Interpretation des Gedichtes „Auf und davon" von Ulla Hahn.
→ Vergleiche im Schlussteil die Darstellung von der scheiternden Liebe mit deinen Erfahrungen zu diesem Thema.

3.2 Eine Gedichtinterpretation überarbeiten

Erich Kästner (1899–1974)

Emil Erich Kästner wird am 23. Februar 1899 in Dresden geboren. Kästners Kindheit und Jugend sind geprägt von finanzieller Enge, der unglücklichen Ehe seiner Eltern und in besonderem Maße von seiner Mutter, die ihren Mann ständig seine Unzulänglichkeit spüren lässt und sich dafür umso stärker für das Wohl ihres Sohnes aufopfert. Das daraus entstehende enge Verhältnis zwischen Mutter und Sohn geht weit über das normale Maß hinaus. Es prägt ihn für sein Leben und begründet u. a. sein schwieriges Verhältnis zu Frauen.
Im Jahr 1926 trennt sich Erich Kästner von seiner Jugendliebe Ilse Julius, mit der er seit 1919 liiert ist. Am 14. November kommt es zu einer sechsstündigen Aussprache, von der Kästner seiner Mutter ausführlich berichtete. Kästners Biograf Sven Hanuschek formuliert, dass die gescheiterte Beziehung zu Ilse Kästners Verhältnis zu Frauen prägte und dass er über Jahre hinaus auf diese große Liebe anspielte.
Erich Kästner stirbt am 29. Juli 1974 in München. Er ist bis heute einer der bekanntesten deutschen Schriftsteller, Drehbuchautoren und Verfasser von Texten für das Kabarett vor allem wegen seiner humorvollen, scharfsinnigen Kinderbücher und seiner humoristischen bis zeitkritischen Gedichte.

1 Lies das Gedicht.
→ Formuliere deinen ersten Eindruck und stelle Vermutungen über den Inhalt an.

Erich Kästner
Sachliche Romanze (1929)

Als sie einander acht Jahre kannten
(und man darf sagen sie kannten sich gut),
kam ihre Liebe plötzlich abhanden.
Wie andern Leuten ein Stock oder Hut.

Sie waren traurig, betrugen sich heiter,
versuchten Küsse, als ob nichts sei,
und sahen sich an und wussten nicht weiter.
Da weinte sie schließlich. Und er stand dabei.

Vom Fenster aus konnte man Schiffen winken.
Er sagte, es wäre schon Viertel nach Vier
und Zeit, irgendwo Kaffee zu trinken.
Nebenan übte ein Mensch Klavier.

Sie gingen ins kleinste Café am Ort
und rührten in ihren Tassen.
Am Abend saßen sie immer noch dort.
Sie saßen allein, und sie sprachen kein Wort
und konnten es einfach nicht fassen.

2 Übertrage die Tabelle in dein Heft. Vervollständige sie mit den Begriffen aus dem Speicher und mit eigenen Analyseergebnissen.

gut • traurig • Liebe • Oxymoron (Überschrift) • Präteritum • außenstehender Sprecher • Parenthese V. 2 • 4 • Sachliche Romanze • 17 • 1929 • Neue Sachlichkeit • abab cdcd efef ghggh • Liebeslyrik • Erich Kästner • unregelmäßig • distanziert • Kreuzreim

Inhalt			
Textsorte/Gedichtart, Titel,		**Thema, Autor/-in, Entstehungszeit**	
Inhaltliche Schwerpunkte (Atmosphäre, Verhältnis der Personen …)			
Sprecher/Sprechhaltung			
Äußere Form			
Strophenzahl	**Verse pro Strophe**	**Reimschema**	**Metrum**
Sprachliche Gestaltung			
Auffällige Adjektive	**Auffällige Verben**	**Auffällige Nomen**	**Auffällige Adverbien**
Besondere sprachliche Mittel (Sprachbilder, Klangfiguren o. Ä.)			
Syntaktische Gestaltung			
Wirkung			
Das Gedicht wirkt ____________, weil ____________________			

3 Formuliere die Intention des Gedichtes, auf die du dich beim Schreiben der kompletten Gedichtinterpretation immer wieder beziehen solltest.

4 Lies den Schülertext.
→ Gliedere den Text mithilfe von senkrechten Strichen in Abschnitte.
→ Notiere am Rand die Begriffe *Einleitung*, *Hauptteil* und *Schluss* sowie die Analysebereiche (Form, Inhalt, Intention o. Ä.), die jeweils bearbeitet werden.
→ Achtung: In dem Text befindet sich ein „dicker“ Fehler. Markiere ihn.
→ Beurteile, ob der Text gelungen ist. Begründe dein Urteil, indem du inhaltliche Aussagen auf Korrektheit und Nachvollziehbarkeit prüfst, den Aufbau der Analyse und die sprachliche Form des Textes berücksichtigst.
→ Markiere Probleme und Fehler in der Randspalte (S. 12).

FEHLER!

Das Gedicht „Sachliche Romanze“ von Erich Kästner handelt von einer scheiternden Beziehung. Nach meinem ersten Leseeindruck will der Autor uns mit dem Gedicht sagen, dass eine Beziehung auch nach mehreren Jahren noch in die Brüche gehen kann. Das Gedicht besteht aus 17 Versen in 4 Strophen. Die ersten vier Strophen bestehen jeweils aus vier und die letzte Strophe aus fünf Versen. Das Reimschema lautet abab cdcd efef ghggh, bildet also in den ersten vier Strophen einen Kreuzreim und weicht davon nur in der letzten Strophe ab. Schon in der ersten Strophe wird die lakonische Schreibweise deutlich, die durchweg anhält. Erich Kästner verwendet, dem Titel entsprechend, sachliche Sätze. Die erste Strophe enthält komprimiert bereits den zentralen Inhalt der Geschichte: Das lyrische Ich sagt aus, dass es schon seit acht Jahren die beteiligte Person kannte, und die Liebe „abhanden“ (V. 3.) kam. Strophe zwei handelt vom Status der Beziehung und wie die Krise letztendlich offensichtlich wurde. Dabei versucht das lyrische Ich und sein Gegenüber, alles so wie immer scheinen zu lassen (V 6.). Die Passivität wird nur einmal vom Weinen der Frau durchbrochen (V.8.). Das lyrische Ich, der männliche Partner in der Beziehung, versucht in Strophe 3 so zu tun, als wäre nichts geschehen („Er sagt, es wäre schon Viertel nach vier“, V. 10). Danach „gingen [sie] ins kleinste Café am Ort“ (Strophe 4; V. 13), unternehmen also einen erneuten Versuch eines gemeinsamen Erlebens, der jedoch ebenfalls scheitert („[...] und sie sprachen kein Wort“ V. 16), weil beide indirekt fühlen, dass ihre Beziehung am Ende ist. Analysiert man das Liebesgedicht auf sprachliche

Mittel, so fällt auf, dass es genau so sachlich ist, wie der Titel es schon aussagt. Erich Kästner verzichtet fast durchgängig auf typischen Stilmittel wie Metaphern, Personifikationen oder Vergleiche. Das Gedicht wirkt fast wie eine Geschichte, also ein Text in Prosa. Es fällt jedoch das Oxymoron in der Überschrift ins Auge und die sarkastische Bemerkung aus Vers 2 („und man darf sagen: sie kannten sich gut). Durch den Widerspruch in der Überschrift bekommt das Gedicht einen unwirklichen Charakter bzw. eine Verharmlosung. Kästner versucht, es ironisch, sogar sarkastisch wirken zu lassen, was besonders durch den Vers 2 unterstützt wird. Hieran merkt man, wie hilflos das Lyrische Ich dargestellt ist. In den beiden Strophen 2 und 3 versucht das Lyrische Ich der negativen Entwicklung entgegen zu wirken, aber es ist wohl schon alles verloren, was sich am Ende in der letzten, formal abweichenden Strophe zeigt. Sie besteht als einzige aus fünf Versen und wird von einem undefinierbaren Reim „beherrscht". Die Hilflosigkeit wird im Vers 17 deutlich, der mit einem Enjambement an den Rest des Gedichts „angehängt" ist. Vergleiche ich die Interpretation nun mit meiner Interpretationshypothese, so werde ich bestätigt. Zieht man auch noch die Biografie von Kästner zu Rate, so wird deutlich, dass das Lyrische Ich mit dem Autor gleichgesetzt werden kann. Bei Kästner ging nach 8 Jahren die Beziehung mit Ilse Julius zu Ende, weil sie sich auseinander gelebt hatten. Zusätzlich kann man sagen, dass dieses Gedicht absolut zeitlos ist und in fast jeder Epoche der Literatur einen Platz finden würde, weil die Liebe zu allen Zeiten ein Thema in Gedichten war. Des Weiteren wird auf beschönigende Stilmittel verzichtet, sodass der Titel auch auf das Gedicht zu trifft. Abschließend ist zu sagen, dass Kästner dieses Gedicht gut gelungen ist, weil er ein Beziehungsproblem ohne Beschönigung präsentiert.

5 Schreibe nun eine eigene Interpretation des Gedichtes „Sachliche Romanze" von Erich Kästner unter Berücksichtigung deiner Überarbeitung des Interpretationsbeispiels in dein Heft.

→ Nutze die Begriffe aus dem Speicher.

Wortfeld *sagen*: sprechen • mitteilen • sich äußern • zum Ausdruck bringen • hinweisen auf • verdeutlichen • ausdrücken • zur Sprache bringen • erklären • erläutern • reflektieren • verkünden • hervorheben • unterstreichen • betonen • meinen • annehmen • mutmaßen • verweisen auf • anspielen • einwenden • erwidern • entgegnen • einwenden • offenbaren • zugeben • behaupten • bitten • beschwören • schildern • erzählen etc.

→ Beziehe dabei Informationen zu Kästners Leben (☞ S. 32) verstärkt ein.

→ Vergleiche im Schlussteil das Gedicht mit dem Gedicht von Ulla Hahn (☞ S. 29) hinsichtlich der Aussage, der Stimmung und der sprachlichen und formalen Merkmale.

so geht's

Die **Textanalyse von Prosatexten** setzt das **Erkennen** und **Benennen** ihrer Analysemerkmale voraus. Im Anschluss erfolgt das **Interpretieren**, das **Deuten**.

1 Den Inhalt erschließen, gliedern und stichpunktartig zusammenfassen.

→ **Lies den Text** und **schlage Begriffe**, die unklar sind, **nach**.
→ **Gliedere** den Text **in Abschnitte** (Einleitung, Hauptteil jeweils mit neuen Handlungsschritten, Schluss) und **mache diese Abschnitte sichtbar** (Schlüsselbegriffe markieren/Abschnitte anzeichnen).
→ **Notiere Stichpunkte** am Rand, die den Inhalt der Abschnitte wiedergeben (Zwischenüberschriften).

2 Textstruktur und Sprache untersuchen und beschreiben

→ Halte Beobachtungen in einem **Schreibplan zu folgenden Aspekten** fest.

EINLEITUNG

• Autor/in • Textsorte • Titel • Erscheinungsjahr • Thema/Problem • knappe Wiedergabe des Inhalts

HAUPTTEIL

- Merkmale von Figuren, ihre Eigenschaften und Lebensumstände, Bestimmen von Haupt- und Nebenfiguren, Figurenkonstellationen
- Zeit und Ort des Geschehens, Zeitraum oder -punkt der Handlung, Besonderheiten, Atmosphäre der Räume, Symbolik
- Aufbau der Handlung, Spannungsbogen, besondere Motive
- Erzählform, Erzählverhalten oder -situation, Erzählperspektive, Erzählhaltung, Erzählweise
- Sprache: auffällige Wörter, sonstige Stilmittel, Auslassungen, Satzbau

→ **Suche** jeweils **Textstellen**, die als **Belege** angeführt werden können und im ausformulierten Text als **Zitate** verwendet werden sollen. **Notiere** die **Zeilenangabe** der Textstellen neben den Stichpunkten.

3 Den Text und seine Wirkung mithilfe von Fragen deuten

SCHLUSS

→ **Sammle Hintergrundinformationen** über die Entstehungszeit des Textes, politische und gesellschaftliche Ereignisse und das Leben des Autors/der Autorin in Lexika, im Internet oder in Schulbüchern.
→ **Notiere Textstellen** zur **Übertragbarkeit der Thematik** auf die heutige Zeit oder die eigene Situation oder zur **Funktion** der **Personen** im Text.
→ **Formuliere** mit **Bezug auf die Themenformulierung** der Einleitung mögliche **Aussageabsichten** des Textes.
→ **Erstelle** eine **persönliche Stellungnahme**, die wiedergibt, was dir am Text gefällt, missfällt oder nachdenkenswert erscheint.

TIPPS UND QUERVERWEISE

Stilmittel (☞ S. 28), Satzbau (☞ S. 70 ff.), Stil (☞ S. 76 ff.)

ACHTUNG: FEHLERQUELLEN!

Bei der Interpretation muss man entweder linear (nach Sinnabschnitten) oder aspektorientiert (nach Analyseaspekten: Figur, Zeit, Raum ...) vorgehen. Ein Wechsel zwischen den Formen bedeutet einen Fehler. Die einzelnen Abschnitte des Hauptteils sollten sprachlich miteinander verknüpft werden.

4.1 Merkmale epischer Texte wiederholen

1 Ordne die Beschreibungen a) bis f) der jeweiligen Textsorte A) bis F) richtig zu.

a) Erzählt wird ein ungewöhnliches Ereignis, das durch einen Konflikt geprägt und real vorstellbar ist. Ohne ausschweifende Schilderung wird geradlinig, sich steigernd der Konflikt bis zur Entscheidung getrieben. Ein Höhepunkt, meist als Wendepunkt, ist klar erkennbar. Oft gibt es ein unerwartetes Ende. Wiederkehrende Motive (sogar Aussagen im gleichen Wortlaut) oder Dingsymbole (Gegenstände von symbolischer Bedeutung, die an entscheidenden Stellen des Textes stehen) ziehen sich durch Texte dieser Textsorte.

b) Sie gehört zu den erzählenden Kurzformen. Die Handlung wird meist von sprechenden Tieren getragen, die typische menschliche Verhaltensweisen und Eigenschaften verkörpern. Sie will unterhalten, aber auch auf Fehlverhalten aufmerksam machen. Am Ende steht deshalb meist eine Moral.

c) In der Regel gilt: Auf wenige Seiten beschränkter Erzähltext mit unvermitteltem Anfang und offenem Schluss. Im Mittelpunkt steht ein Wendepunkt im Leben eines Durchschnittsmenschen oder auch Außenseiters. Die Sprache ist nüchtern und alltäglich. Die Handlung spielt in der Welt und Zeit, in der der Text entstanden ist. Entsprechend der künstlerischen Freiheit sind im Einzelnen Abweichungen vom klassischen Schema möglich.

d) Das Wort kommt ursprünglich aus dem Französischen und stand für jeden in der Volkssprache, also nicht lateinisch, geschriebenen Text. Heute versteht man darunter einen erzählenden Text größeren Umfangs, der kein Einzelereignis, sondern größere Zusammenhänge aus dem Leben einer oder mehrerer Personen, manchmal sogar ganzer Generationen, beinhaltet. Seit dem 18. Jahrhundert ist diese Textsorte die beliebteste Form literarischer Unterhaltung. Sie bietet eine Fülle von Inhalten und Unterarten, z. B. Abenteuer, Entwicklungsgeschichten, Kriminalfälle und Sciencefiction.

e) Kurze Erzählung einer Begebenheit, die wie ein Gleichnis (ein Bild) zu einer allgemeinen Erkenntnis wirkt, sodass der Leser bzw. die Leserin zur eigenen Textdeutung (der Erschließung der Bedeutungsebene aus der Sachebene) angeregt wird.

f) Die Textsorte behandelt Charaktereigenschaften oder bestimmte typische Verhaltensweisen von Menschen(-typen), einer Gesellschaftsschicht oder berühmter Persönlichkeiten. Der Verfasser ist meist unbekannt und der Wahrheitsgehalt des erzählten Geschehens meist nicht zu prüfen. Der Aufbau ist relativ klar: kurze Vorstellung der Person(en), Beschreibung der Begebenheit, überraschende, oft witzige Wende (= Pointe). Aufgrund des häufig humorvollen Endes eignet sich diese Textsorte gut, Schwächen von Menschen aufzuzeigen, ohne diese zu verletzen.

A) Anekdote ( )
B) Fabel ( )
C) Kurzgeschichte ( )
D) Novelle ( )
E) Parabel ( )
F) Roman ( )

2 Setze die Wörter aus dem Speicher an der jeweils richtigen Stelle in den Wissenstext ein.

Erzählhaltung • Erzählform • Zeitraffung • Figurencharakterisierung • Erzählperspektive • Zeitgestaltung/Erzähltempo • Figuren • Epik • Figurenkonzeption • Erzählsituation • Figurenkonstellation • Innensicht • Erzählzeit • Vorausdeutungen • Erzähler • Figurenrede • erzählte Zeit • auktoriale • personale • Außensicht • Erzählerbericht

WISSEN

Der Begriff ______________________ ist der Sammelbegriff für unterschiedliche Texte erzählender Literatur.

Die ______________________ sind in epischen Texten die Träger der Handlung. Um sie genauer zu betrachten, kann man drei Aspekte näher untersuchen:

- ihre Beziehungen untereinander: ______________________
- ihre Merkmale (offen, geschlossen, vielschichtig, dynamisch, statisch): ______________________.
- direkte oder indirekte Darstellung ihres Charakters: ______________________.

Die Wiedergabe der Zeit (= ______________________ ______________________) spielt für die Struktur eines Textes eine wesentliche Rolle. Die zeitlichen Abläufe der Handlung kann man unter folgenden Gesichtspunkten betrachten:

- **Reihenfolge:**
  - Ereignisse in chronologischem Ablauf (Anfang → Ende)
  - Rückblenden
  - ______________________
- **Dauer:**

  Je nachdem, wie die ______________________ ______________________ (also die Zeitspanne, über die sich das erzählte Geschehen erstreckt) und die ______________________ ______________________ (in welcher das Geschehen erzählt wird bzw. vorgelesen werden kann) zueinander in Beziehung stehen, unterscheidet man drei Varianten der Zeitgestaltung:

  - **Zeitdeckung:** Erzählzeit = erzählte Zeit
  - ______________________: Erzählzeit < erzählte Zeit
  - **Zeitdehnung:** Erzählzeit > erzählte Zeit

Nicht zu verwechseln ist die Erzählzeit mit dem Erzähltempus (in der Regel Präteritum), in dem Erzählungen verfasst sind.

Der ______________________ darf nicht mit dem Autor des Textes gleichgesetzt werden. Nur in einer Autobiografie ist der Erzähler identisch mit dem Autor. Ansonsten ist er eine fiktive Gestalt, die zwischen der Handlung und dem Leser vermittelt. Er ist das vom Autor ins Werk gesetzte Erzählinstrument, mit dessen Hilfe dieser die Erzählform seiner Geschichte gestalten und strukturieren kann.

WISSEN

Folgende weitere Differenzierung ist möglich:

- ______________________: Damit wird die Unterscheidung zwischen den beiden grundsätzlich möglichen Erzählern bezeichnet. Im Falle einer **Ich-Erzählung** ist der Erzähler eine am Geschehen beteiligte Figur, die von sich erzählt. Der **Er-Erzähler** erzählt von anderen.

- ______________________ (auch Erzählverhalten): Grundsätzlich können sich sowohl Ich-Erzähler als auch Er-Erzähler auktorial, personal oder neutral verhalten; so nennt man die drei unterschiedlichen Erzählsituationen:
  - Der ______________________ Erzähler verfügt frei über das Geschehen und die Personen. Er steht außerhalb des Geschehens, weiß alles und macht durch Reflexionen, Analysen und Leseransprachen auf sich aufmerksam. Man spricht auch vom allwissenden Erzähler.
  - Der ______________________ Erzähler erzählt in der 3. Person aus der Sicht einer oder mehrerer Figuren, in die er sich hineinversetzt, deren Gedanken und Gefühle er zu erfassen versucht und aus deren Sicht heraus er das Ganze erzählt. Er ist Teil der Geschichte.
  - Der **neutrale** Erzähler erzählt aus der Distanz, bezieht keine Stellung und ist als Figur nicht fassbar. Er berichtet über das Geschehen.

In vielen Texten ändert sich die Erzählsituation, sodass Mischformen entstehen können. Dennoch kann man häufig eine vorherrschende Erzählsituation in den Mittelpunkt der Analyse rücken.

- ______________________: Mit der Erzählsituation verknüpft ist die Frage, von welchem Standort der Erzähler auf das Geschehen blickt, ob er in die Figuren hineinschauen kann, also ______________________ hat, oder ob er „nur" die ______________________ einnehmen kann. Während alle drei Erzähler, also der auktoriale, der personale und der neutrale Erzähler, alle Figuren von außen schildern können, kann der personale Erzähler nur die Innensicht der Figur darstellen, aus deren Perspektive er erzählt.

  Der auktoriale und der neutrale Erzähler können sowohl die Innensicht als auch die ______________________ darstellen.

- ______________________: Der Erzähler kann auch unabhängig von der Erzählsituation verschiedene Erzählhaltungen einnehmen. Je nachdem, ob er eher begeistert, zustimmend und wohlwollend etc. oder eher kritisch, ironisch oder ablehnend etc. erzählt, beeinflusst er die Textrezeption des Lesers.

Weiterhin unterscheidet man den ______________________ (alle Elemente eines Textes, die nicht Äußerungen oder Gedanken einer Figur sind) und die ______________________ (Gedanken der Personen oder Figuren werden unmittelbar wiedergegeben).

4.2 Eine Kurzgeschichte interpretieren

Walter Helmut Fritz – **Augenblicke** (1964)

Kaum stand sie vor dem Spiegel im Badezimmer, um sich herzurichten, als ihre Mutter aus dem Zimmer nebenan zu ihr hereinkam, unter dem Vorwand, sie wolle sich nur die Hände waschen.

Also doch! Wie immer, wie fast immer.

Elsas Mund krampfte sich zusammen. Ihre Finger spannten sich. Ihre Augen wurden schmal. Ruhig bleiben!

Sie hatte darauf gewartet, dass ihre Mutter auch dieses Mal hereinkommen würde, voller Behutsamkeit: mit jener scheinbaren Zurückhaltung, die durch ihre Aufdringlichkeit die Nerven freilegt. Sie hatte – behext, entsetzt, gepeinigt – darauf gewartet, weil sie sich davor fürchtete.

— Komm, ich mach dir Platz, sagte sie zu ihrer Mutter und lächelte ihr zu.

— Nein, bleib nur hier, ich bin gleich soweit, antwortete die Mutter und lächelte.

— Aber es ist doch so eng, sagte Elsa, und ging rasch hinaus, über den Flur, in ihr Zimmer. Sie behielt einige Augenblicke länger als nötig die Klinke in der Hand, wie um die Tür mit Gewalt zuzuhalten. Sie ging auf und ab, von der Tür zum Fenster, vom Fenster zur Tür. Vorsichtig öffnete ihre Mutter. Ich bin schon fertig, sagte sie.

Elsa tat, als ob ihr inzwischen etwas anderes eingefallen wäre, und machte sich an ihrem Tisch zu schaffen.

— Du kannst weitermachen, sagte die Mutter.

— Ja, gleich.

Die Mutter nahm die Verzweiflung ihrer Tochter nicht einmal als Ungeduld wahr.

Wenig später allerdings verließ Elsa das Haus, ohne ihrer Mutter adieu zu sagen. Mit der Tram fuhr sie in die Stadt, in die Gegend der Post. Dort sollte es eine Wohnungsvermittlung geben, hatte sie einmal gehört. Sie hätte zu Hause im Telefonbuch eine Adresse nachsehen können. Sie hatte nicht daran gedacht, als sie die Treppen hinuntergeeilt war.

In einem Geschäft für Haushaltungsgegenstände fragte sie, ob es in der Nähe nicht eine Wohnungsvermittlung gebe. Man bedauerte. Sie fragte in der Apotheke, bekam eine ungenaue Auskunft. Vielleicht im nächsten Haus. Dort läutete sie. Schilder einer Abendzeitung, einer Reisegesellschaft, einer Kohlenfirma. Sie läutete umsonst.

Es war später Nachmittag, Samstag, zweiundzwanzigster Dezember.

Sie sah in eine Bar hinein. Sie sah den Menschen nach, die vorbeigingen. Sie trieb mit. Sie betrachtete Kinoreklamen.

Sie ging Stunden umher. Sie würde erst spät zurückkehren. Ihre Mutter würde zu Bett gegangen sein. Sie würde ihr nicht mehr gute Nacht zu sagen brauchen.

Sie würde sich, gleich nach Weihnachten, eine Wohnung nehmen. Sie war zwanzig Jahre alt und verdiente. Kein einziges Mal würde sie sich mehr beherrschen können, wenn ihre Mutter zu ihr ins Bad kommen würde, wenn sie sich schminkte. Kein einziges Mal.

Ihre Mutter lebte seit dem Tod ihres Mannes allein. Oft empfand sie Langeweile. Sie wollte mit ihrer Tochter sprechen. Weil sich die Gelegenheit selten ergab (Elsa schützte Arbeit vor), suchte sie sie auf dem Flur zu erreichen oder wenn sie im Bad zu tun hatte. Sie liebte Elsa. Sie verwöhnte sie. Aber sie, Elsa, würde kein einziges Mal mehr ruhig bleiben können, wenn sie wieder zu ihr ins Bad käme.

Elsa floh.

Über der Straße künstliche, blau, rot, gelb erleuchtete Sterne. Sie spürte Zuneigung zu den vielen Leuten, zwischen denen sie ging.

Als sie kurz vor Mitternacht zurückkehrte, war es still in der Wohnung. Sie ging in ihr Zimmer, und es blieb still. Sie dachte daran, dass ihre Mutter alt und oft krank war. Sie kauerte sich in ihren Sessel, und sie hätte unartikuliert schreien mögen, in die Nacht mit ihrer entsetzlichen Gelassenheit.

1 Unterstreiche im Text alle Stellen rot, die etwas über die Empfindungen der Mutter aussagen, und blau jene, die über die Gefühle und das Verhalten der Tochter Auskunft geben.

2 Übertrage die folgende Tabelle in dein Heft und fülle sie aus.

Merkmale der Personen	Mutter	Tochter	Textstellen
Aussehen			
Verhalten			
Sprache			
Mimik			

3 Nummeriere die Zwischenüberschriften in der Reihenfolge, wie sie im Text aufeinanderfolgen.

___ Die Enge ___ Die Suche ___ Auf der Flucht ___ Die Entscheidung ___ Der Anlass

4 Übertrage die Überschriften in der richtigen Reihenfolge in dein Heft und notiere in jeweils ein bis zwei Sätzen, was in den Abschnitten geschieht.

5 Die Textstelle zu Beginn des Textes spiegelt die Situation der jungen Frau, in der sie sich in Bezug auf ihre Mutter befindet. Notiere, was damit darüber hinaus noch gemeint sein könnte.

Kaum stand sie vor dem Spiegel im Badezimmer, um sich herzurichten, als ihre Mutter aus dem Zimmer nebenan zu ihr hereinkam unter dem Vorwand, sie wolle sich nur die Hände waschen. (Z. 1–4)

→ Schreibe auch auf, welche Bedeutungen noch hinter der Überschrift „Augenblicke“ stehen könnten.

6 Entscheide, ob die folgenden Urteile über die Figuren zutreffen. Begründe deine Entscheidung mit Textbelegen.

a) Die Mutter mischt sich in das Leben der Tochter ein, weil sie sie nicht loslassen kann.

Begründung: ______________________________

____

b) Dass die Tochter ihrer Mutter nicht ihre wahren Gefühle mitteilt, ist richtig.

Begründung: ______________________________

____

c) Es ist überhaupt nicht nachzuvollziehen, wie die beiden sich verhalten.

Begründung: ______________________________

____

d) Die Tochter ist sehr rücksichtsvoll.

Begründung: ______________________________

____

7 Kreuze an, welche der folgenden Formulierungen das Thema der Kurzgeschichte besonders gut erfasst.

- ☐ Der Text problematisiert die Beziehung zwischen einer älter werdenden Mutter und ihrer noch bei ihr lebenden erwachsenen Tochter.
- ☐ Der Text thematisiert die schlechte Beziehung zwischen einer Mutter und ihrer Tochter.
- ☐ Der Text schildert einen gewöhnlichen Abend aus dem Leben einer Mutter und ihrer Tochter.

→ Begründe deine Entscheidung.

____

____

8 Beurteile das Verhalten der Figuren unter der Fragestellung, ob die beiden sich ehrlich zueinander verhalten.

____

____

____

____

9 Lies den Text noch einmal und notiere stichpunktartig, aus wessen Sicht das Geschehen erzählt wird.

10 Markiere Besonderheiten, die dir im Text bezüglich der Sprache auffallen: z. B. Satzbau, Wiederholungen, Verben, Adjektive, Nomen oder sprachliche Bilder.
→ Verwende zur einfacheren Zuordnung für bestimmte Kategorien passende Abkürzungen, wie z. B. Wh für Wiederholung usw.
→ Überlege, welche Bedeutung die sprachlichen Auffälligkeiten für die Textaussage gewinnen.

11 Analysiere und interpretiere die Kurzgeschichte „Augenblicke" von Helmut Fritz aus dem Jahr 1964 in einem zusammenhängenden Text.
→ Untersuche insbesonders
- die Gefühle und das Verhalten der Figuren und ihr Verhältnis zueinander,
- die Form und die Sprache der Kurzgeschichte.

12 Überprüfe deinen Text, indem du *ja* oder *nein* ankreuzt. Bei jedem *Nein* musst du noch einmal überarbeiten.

	ja	nein
• Einleitung, Hauptteil und Schluss meines Textes sind durch einen Absatz klar voneinander getrennt.	☐	☐
• Das Thema der Kurzgeschichte steht in der Einleitung.	☐	☐
• Merkmale und Sprache der Kurzgeschichte sind ausgeführt.	☐	☐
• Die Gefühle der Personen werden deutlich.	☐	☐
• Aussagen und Urteile sind durch Zitate unter Angabe der Zeilen belegt.	☐	☐
• Die Redewiedergabe erfolgt ...		
... als Zitat mit Anführungsstrichen.	☐	☐
... als indirekte Rede.	☐	☐
... sinngemäß zusammengefasst.	☐	☐
• Die Ergebnisse zum Untersuchungsaspekt Sprache sind mit den inhaltlichen Aspekten des Hauptteils verknüpft.	☐	☐

4.3 Merkmale einer Parabel erkennen und auf einen Text anwenden

Der Begriff **Parabel** stammt aus dem Griechischen und bedeutet so viel wie „Nebeneinanderstellen, Vergleichen, Gleichnis". In einer Parabel wird eine menschliche Grunderfahrung (Einsamkeit, Intoleranz o. Ä.) anhand eines Einzelfalls thematisiert.
Die Parabel ist also eine dem **Gleichnis** verwandte Form von Literatur, eine lehrhafte und kurze Erzählung. Sie wird oft als längere Textvariante des Gleichnisses gesehen. Während jedoch in einem Gleichnis (z. B. in der Bibel) direkt angegeben ist, womit das Erzählte zu vergleichen ist, fehlt diese Angabe in einer Parabel. Der Leser muss sich den gemeinten Sachverhalt selber erschließen und das Beispiel aus dem Text auf seine Lebenssituation beziehen.
Das im Vordergrund stehende Geschehen (**Bildebene**) hat symbolische Bedeutung für den Leser. Die Parabel ist eine Aufforderung zum Erkennen und soll den Leser dazu bringen, das Gemeinte im Allgemeinen (**Sachebene**) herzuleiten. Der Leser soll die Arbeit des Autors umgekehrt nachvollziehen.
Man kann sich das Charakteristische dieser Literaturform auch an einer **geometrischen Parabel** verdeutlichen: Die beiden Parabeläste stehen dann jeweils für die Bild- und die Sachebene der Erzählung. Im Scheitelpunkt steht das abstrakte Bindeglied zwischen Erzähltem und Gemeintem, das *Tertium comparationis* (das Dritte des Vergleichs), das der Leser sich selbst erschließen muss.
Die Parabel ist im Gegensatz zum Gleichnis (Präsens) im Präteritum verfasst.

1 Notiere in deinem Heft zentrale Merkmale einer Parabel im Vergleich zu einem Gleichnis.

Parabel	Gleichnis

2 Beschreibe das Verhalten der Frauen und des Greises in Tolstois Text.

Leo Tolstoi (eigentlich: Lew Nikolajewitsch)
Die drei Söhne

Drei Frauen wollten am Brunnen Wasser holen. Nicht weit davon saß ein Greis auf einer Bank und hörte zu, wie die Frauen ihre Söhne lobten.
„Mein Sohn", sagte die erste, „ist so geschickt, dass er alle hinter sich lässt ..."
„Mein Sohn", sagte die zweite, „singt so schön wie die Nachtigall. Es gibt keinen, der eine so schöne Stimme hat wie er ..."
„Und warum lobst du deinen Sohn nicht?", fragten sie die dritte, als diese schwieg.
„Ich habe nichts, womit ich ihn loben könnte", entgegnete sie. „Mein Sohn ist nur ein gewöhnlicher Knabe. Er hat weder an sich noch in sich etwas Besonderes ..."
Die Frauen füllten ihre Eimer und gingen heim. Der Greis ging langsam hinter ihnen her. Die Eimer waren schwer und die abgearbeiteten Hände schwach. Deshalb machten die Frauen eine Ruhepause, denn der Rücken tat ihnen weh ...
Da kamen ihnen drei Knaben entgegen.
Der erste stellte sich auf die Hände und schlug Rad um Rad und die Frauen riefen:
„Welch ein geschickter Bub!"
Der zweite sang so herrlich wie die Nachtigall, und die Frauen lauschten andachtsvoll und mit Tränen in den Augen.
Der dritte Knabe lief zu seiner Mutter, hob die Eimer auf und trug sie heim ...
Da fragten die Frauen den Greis: „Was sagst du zu unseren Söhnen?"
„Wo sind eure Söhne?", fragte der Greis verwundert. „Ich sehe nur einen einzigen Sohn!"

3 Weise die Merkmale der Parabel am Text „Die drei Söhne“ nach und ergänze die Tabelle.

Merkmale der Parabel	Die drei Söhne

4 Vervollständige das Schaubild mit Textstellen.

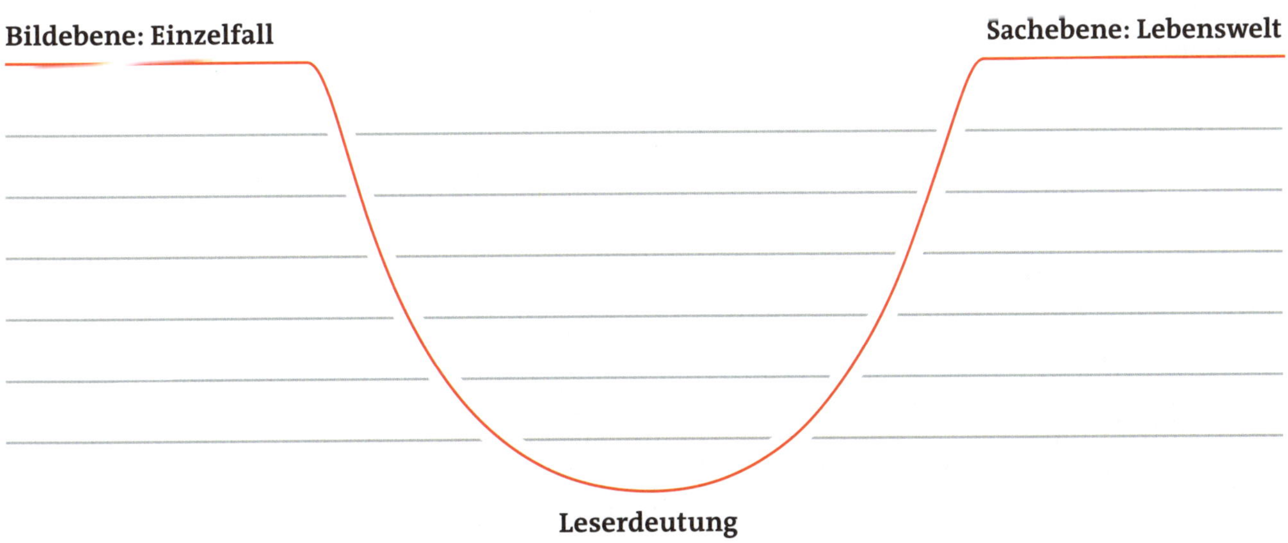

5 Formuliere, welche menschliche Grunderfahrung der Text deiner Meinung nach spiegelt.

so geht's

Die **Textzusammenfassung** ist ein wichtiger Bestandteil der Untersuchung (Analyse) von Sachtexten. Mit der Zusammenfassung wird ein Leser über die wesentlichen Aspekte eines Textes informiert. Dieses kann in der Textreihenfolge oder in logischer/chronologischer Reihenfolge geschehen oder in Form von **Tabellen, Mind-Maps, Diagrammen** oder anderen **Schaubildern**.

1 Hilfreiche Arbeitsschritte als Vorarbeit einer Textzusammenfassung ausführen

→ **Verschaffe** dir beim **ersten Lesen** einen **Überblick über das Thema**, über inhaltliche und sprachliche **Besonderheiten** und über den **Textaufbau** und **unterstreiche** unbekannte Wörter sowie unklare Stellen.

→ **Kläre Fachbegriffe. Trenne wichtige** von unwichtigen **Informationen**.

→ **Markiere** beim **wiederholten Lesen** zentrale Stellen des Textes und formuliere sie in Stichworten auf einem **Stichwortzettel**, auf dem du die Stichwörter unter zusammenfassenden Wendungen oder **Oberbegriffen** gruppierst.

→ **Beantworte** die **W-Fragen** (Wer? – Was? – Wo? – Wann? – Wie? – Warum?).

→ **Gliedere** beim nochmaligen Lesen **in Sinnabschnitte**. Hilfreich dabei ist die Suche nach Stellen, an denen ein **neuer Gedanke** beginnt oder an denen ein **neuer Aspekt** des Themas angesprochen wird.

2 Merkmale für den Aufbau einer Textzusammenfassung beachten

→ **Notiere** in der **einleitenden Vorinformation** folgende Angaben zum Text: **Titel, Name des Verfassers, Thematik bzw. Kernaussage des Textes, Textsorte, Erscheinungsort, Erscheinungsjahr/-datum.**

→ **Stelle** im **Hauptteil** die **wesentlichen Informationen** des Textes in der Reihenfolge im Text oder in der **logischen/chronologischen Reihenfolge dar**. Dazu müssen die Informationen aus dem Text manchmal umgestellt werden.

→ **Gehe** im **Schluss** der Zusammenfassung auf die **Deutung des Textes ein**: Kläre dafür folgende Fragen: Um welches Thema geht es im Text? Auf welches Problem verweist der Text? Welche Intention verfolgt der Text?

3 Verfassen der Textzusammenfassung

→ **Informiere** den Leser knapp und in **sachlicher Sprache**.

→ **Kürze** sprachlich, löse dich von den Textformulierungen und **verdeutliche** die **Zusammenhänge**.

→ **Schreibe** im **Präsens**.

→ **Verwende** keine wörtliche Rede, sondern wandle, wenn der Inhalt für das Verständnis notwendig ist, in **indirekte Rede** um oder fasse sinngemäß zusammen.

TIPPS UND QUERVERWEISE

Visualisierung von Textstrukturen (☞ S. 50), Strategien zum Zusammenfassen (☞ S. 51)

ACHTUNG: FEHLERQUELLEN!

Besonders wichtig ist das Beachten der gewählten Reihenfolge, damit der Leser / die Leserin den Gedankengang nachvollziehen kann.

5.1 Merkmale von Sach- und Gebrauchstexten wiederholen

WISSEN

Nicht-fiktionale Texte sind keine von einem Dichter erfundenen Texte, sondern sie beziehen sich auf **reale Inhalte**. Dieses Merkmal verbindet eine große Vielfalt unterschiedlicher **Sachtexte**. So sind manche reine **Gebrauchstexte** wie Kochrezepte, Bastel- oder Spielanleitungen. Daneben begegnen einem Sachtexte als **journalistische Textsorten** in Zeitungen **in Printform oder in digitaler Form** in Online-Ausgaben von Zeitungen oder anderen Seiten im Internet (Nachricht, Bericht, Reportage etc.). Inhalte dieser Texte sind oft Themen aus Politik, Gesellschaft, Wirtschaft oder Wissenschaft. Dabei können durchaus – durch Darstellung persönlicher Eindrücke oder Meinungen – literarische Züge vorhanden sein.

- Nach ihrer jeweiligen kommunikativen **Intention** unterscheidet man bei Sach- und Gebrauchstexten auch noch zwischen:

informativ → Darstellung → Information → Instruktion → Wissenserwerb

appellierend/kommentierend → Argumentation → Erörterung → Meinungsbildung → Überzeugen

ausgerichtet auf (← Wissenserwerb / → Überzeugen)

- Bei Sach- und Gebrauchstexten kann man auch noch nach ihrer **Form** und **Gestaltung** unterscheiden zwischen:

kontinuierlich → durchgehender Fließtext, Leserichtung von links oben nach rechts unten

diskontinuierlich → Leser kann zwischen unterschiedlichen Einstiegsmöglichkeiten und Leserichtungen wählen, z. B. Schaubild, Diagramm, Info-Kasten, Tabelle, Abbildung

1 Gib an, welche Intention (**I** = informieren oder **A** = appellieren und/oder kommentieren) folgende Texte hauptsächlich verfolgen.

___ Gebrauchsanleitung	___ Reportage	___ Leserbrief
___ Biografie	___ Rezension	___ Musikgeschichte
___ Antrag	___ Kommentar	___ Schulordnung

2 Halte fest, mit welcher Intention der Sachtext auf Seite 48 geschrieben ist.

Mit dem Text „Wer liest? Die Maschine oder ich?“ verfolgen die Verfasser die Intention, ____________

____

5.2 Einen Sachtext verstehen und strukturiert zusammenfassen

1 Lies den folgenden Text zunächst, um dir einen Überblick zu verschaffen.

Hauke Goos, Claudia Voigt
Wer liest? Die Maschine oder ich?

Der 9. Dezember 1968 war ein Schlüsselmoment für die Zukunft des Lesens – der Tag, an dem das digitale Zeitalter begann. An diesem Dezembertag demonstrierte der amerikanische Informatiker Douglas C. Engelbart in San Francisco, wie der Computer „zur Erweiterung des menschlichen Geistes“ beiträgt.

Engelbart zeigte dem staunenden Publikum, wie ein Text auf einem Bildschirm durch Löschen, Einfügen und Verschieben von Wörtern verändert werden kann. Er schaltete zwischen verschiedenen Darstellungsarten hin und her, mit der Maus klickte er ein Wort an, um eine andere Textdatei zu öffnen.

Dieser Vortrag habe zum ersten Mal erahnen lassen, wie durch die Verbindung von Automatisierung, Datenintegration und Vernetzung etwas Neues entsteht, schreibt der Computerlinguist Henning Lobin: „Nicht nur eine technologische Innovation, sondern eine neue kulturelle Dimension des Lesens und Schreibens.“

Lobin, geschäftsführender Direktor des Zentrums für Medien und Interaktivität an der Universität Gießen, hat gerade ein bemerkenswertes Buch veröffentlicht, das davon handelt, „wie der Computer uns Lesen und Schreiben abnimmt“.

Drei Grundtendenzen hat Lobin ausgemacht: Das Lesen der Zukunft wird, erstens, sozial. Eigentlich, sagt Lobin, ist das Lesen asozial. Doch künftig teilen wir, was wir lesen, und wir lesen, was andere geteilt haben. So wird das Lesen in einen umfassenden sozialen Austausch integriert. Amazon beispielsweise ist längst mehr als ein Onlinekaufhaus, auch für Bücher. Zugleich ist es eine Literaturplattform, auf der die Buchkäufer eigene Rezensionen publizieren können, die dann („War diese Rezension für Sie hilfreich? Ja/ Nein“) wiederum bewertet werden können.

Zweitens, sagt Lobin, wird das Lesen multimedial. Viel mehr als bisher werden wir nicht nur den Text lesen, sondern dazu Videos, Interviews, animierte Grafiken, Karten, Fotos und dergleichen angeboten bekommen.

Drittens, und das ist die wichtigste Neuerung, wird das Lesen zunehmend „hybrid“. Der Computer verwandelt den Text zunächst in eine Bit-Folge, die dann in einen lesbaren Text zurückverwandelt werden muss. Wir können digitale Texte also deshalb nicht ohne Hilfe des Computers verstehen. Das Lesen ist nur noch mithilfe einer Maschine möglich.

Schon heute mischt sich der Computer ständig ein. Wörter werden vom Computer vervollständigt, Suchanfragen selbstständig ergänzt, der Computer schlägt Wörter vor und verweist darauf, was andere Leser interessant fanden. Er erobert dadurch den Raum, der sich zwischen uns und dem Text aufgetan hat – in dem Maße, in dem wir dem Computer Aufgaben überlassen, ermächtigen wir ihn, das Lesen für uns zu steuern.

„In der nun beginnenden Digitalkultur leben wir Menschen in Symbiose mit den Maschinen, sind auf Gedeih und Verderb von ihnen abhängig und dadurch zum Spielball der technischen Evolution geworden“, schreibt Lobin. Das hat praktische Konsequenzen. Denn der Computer hilft uns nicht nur beim Schreiben, er übernimmt auch unser Denken bereitwillig. Ähnlich wie er Buchstaben zu Wörtern ergänzt, indem er berechnet, was wir schreiben wollen, ergänzt er Sätze zu Gedanken, indem er berechnet, was wir am liebsten denken. Die Folge: geschlossene Kreisläufe, sich selbst verstärkende Systeme wie Facebook, auf denen wir nur noch finden, was uns gefällt.

„Unsere Gehirne passen sich den Bedingungen des digitalen Lesens und Schreibens an“, sagt Lobin. „Schriftliche Informationen werden kognitiv anders verarbeitet und gespeichert, werden uns ganz anders prägen. Unser Denken erfährt eine Kolonisierung durch den Computer und die digitale Schrift, so wie es früher durch das Buch mit seiner gedruckten Schrift kolonisiert wurde.“

Künftig werden wir immer weniger linear lesen, von oben nach unten, von vorn nach hinten, vom Anfang zum Ende. Wir erschaffen die Reihenfolge selbst, wir werden quasi zu Ko-Autoren eines

Textes, und die großen Player des Internets, ob Amazon, Google oder Facebook, werden versuchen, uns dabei nach Kräften zu unterstützen.

Beim digitalen Lesen wird es künftig nicht mehr nur eine Textfassung geben, sondern viele Versionen eines Textes, die, ähnlich den Wikipedia-Einträgen, fortlaufend ergänzt, korrigiert und aktualisiert werden. Unser Leseverhalten wird direkt auf die Texte zurückwirken. Und jeder Text ist nur der Entwurf für den nächsten.

Die Folge von alldem: Gebrauchstexte werden künftig noch flüchtiger, unkonzentrierter, weniger vertieft gelesen als heute. Das Gebrauchs- und Nutzlesen der Zukunft erfolgt nebenher, als Teil einer umfassenderen Kommunikation.

Im Umkehrschluss bedeutet das: Texte werden einfacher zu konsumieren sein, die Sätze werden kürzer, die Gedanken weniger komplex. Gut möglich, sagt Lobin, dass es für zukünftige Generationen unmöglich sein wird, den Argumentationsbogen beispielsweise von Kants „Kritik der reinen Vernunft" verstehen zu können.

Und wenn wir nicht mehr in der Lage sind, längeren, komplizierten Argumenten zu folgen – verlernen wir dann auch das Zwischen-den-Zeilen-Lesen?

Geht das Zweideutige, das Subversive, der Sinn für Ironie verloren? Können wir Alternativen benennen, wenn wir sie nicht kennenlernen? Und wie sollen wir benennen, wofür es keine Worte mehr gibt? Wenn wir nur noch Texte lesen, die uns gefallen, oder Texte, die uns Menschen empfehlen, die wir kennen und mögen, dann lesen wir nur noch, was unsere eigene Meinung bestätigt. Der Zweck des Lesens, neben Zerstreuung und Unterhaltung, war aber immer auch Irritation. Lesen ist mehr als Konsum. Lesen ist Teilhabe an der Gesellschaft, am Wissen und Fühlen der schreibenden und lesenden Menschheit. Nicht nur Bestätigung zu suchen, sondern Neues, Überraschendes, Provozierendes, Fremdes, das, auch das, erwarten wir von Lektüre.

Wir erwarten nicht, dass unser Gelesenes von anonymen Mächten gleichsam mitgelesen wird zum Zwecke der ausbeutbaren Ausdeutung. Dass die Giganten des Internets, sie mögen Amazon, Google oder Facebook heißen, immer mehr über uns wissen, ohne dass wir besonders viel über sie wüssten. „Wir werden transparent", schreibt Christoph Kucklick in seinem Buch „Die granuläre Gesellschaft", „die Transparenzerzeuger bleiben undurchsichtig". Das Lesen geht laut Kucklick ein in eine *„Matrix*[1] aus Beobachtungen, Überwachungen, Vorhersagen, Bewertungen, Verführungen und Ermahnungen". Das kann niemand wollen.

[1] ***die Matrix:*** ein System, das verschiedene zusammengehörende Faktoren verkürzt darstellt

(Der Spiegel, 50/2014)

2 Formuliere eine einleitende Vorinformation für den Text.

3 Wähle für den Text „Wer liest? Die Maschine oder ich?" aus den Möglichkeiten zur Visualisierung von Textstrukturen (S. 50) eine geeignete Form der Strukturierung aus und setze sie um.

WISSEN

Visualisierung von Textstrukturen

Bei der **Zusammenfassung** komplexer **Sachverhalte** und **Zusammenhänge** bietet es sich an, den Inhalt in einer **strukturierten Form** zu **visualisieren**, um

- so den Inhalt auf das Wesentliche zu reduzieren,
- sich in übersichtlicher Form immer wieder über den Sachverhalt zu informieren.

Zwischen folgenden **Visualisierungsformen** kann man wählen:

Mind-Map

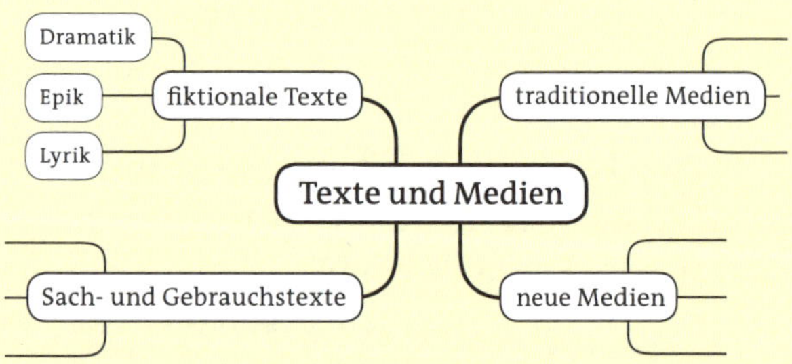

Zeitleiste

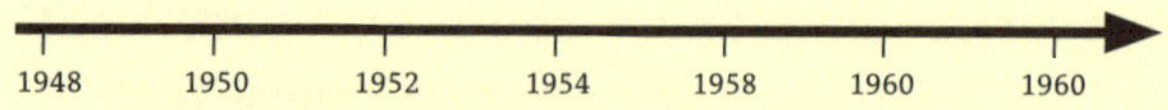

Flussdiagramm

Tabelle

Oberbegriff					

Säulendiagramm

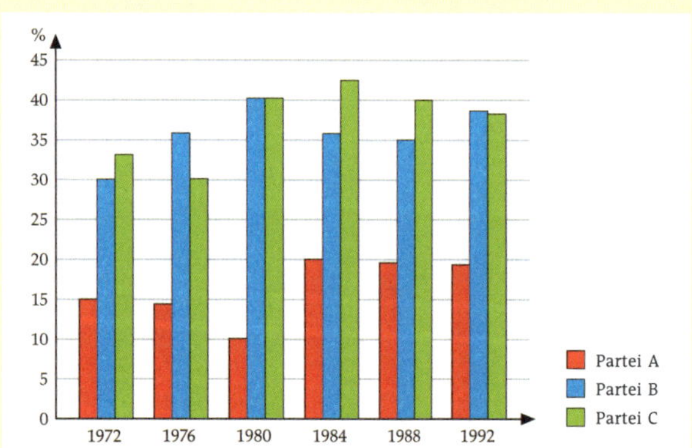

Strukturdiagramm

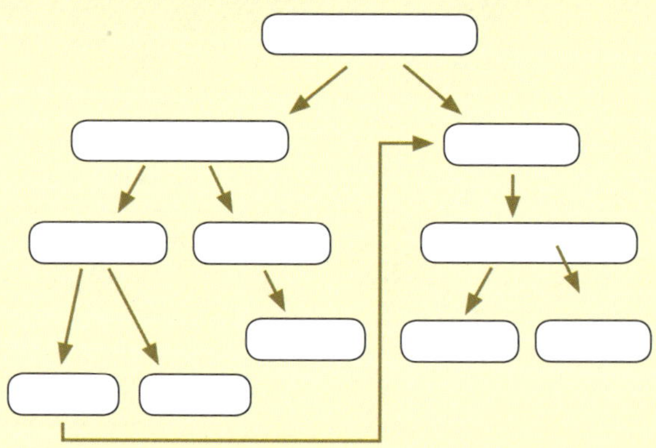

Wichtig ist es, darauf zu achten, dass

- die **Visualisierungen übersichtlich** bleiben (nicht zu viel Text o. Ä.).
- die **geeignete Visualisierung** für den jeweiligen **Zweck** gewählt wird (inhaltliche Abläufe = Flussdiagramm, inhaltliche Zusammenhänge = Strukturdiagramm, zeitliche Abläufe = Zeitleiste etc.).

4 Entscheide dich für die geeignete Strategie, den Text „Wer liest? Die Maschine oder ich?" zusammenzufassen, und wende sie an. Kopiere dazu den Text.

WISSEN

Strategien zum Zusammenfassen und Erschließen von Texten

A) Wegstreichmethode
Mithilfe dieser Strategie kann man wichtige Informationen von unwichtigen trennen.
→ Streiche alle ausschmückenden Elemente und Nebensächlichkeiten durch.
→ Bilde ausgehend von den übriggebliebenen Stichwörtern neue Sätze, die die Textaussage sinnvoll zusammenfassen.

B) Markierungsmethode
Mithilfe dieser Methode kennzeichnet (unterstreicht, markiert ...) man alle Textstellen (Ort, Zeit, Personen ...), die zum Verstehen des Textes wichtig sind. Die Kennzeichnungen bilden die Grundlage für die Formulierung der eigenen Sätze.
→ Lies den Text zunächst, unterschlängle mit Bleistift unbekannte oder unklare Begriffe. Schlage diese nach, wenn du sie beim weiteren Lesen nicht aus dem Sinnzusammenhang erschließen kannst.
→ Lies den Text ein zweites Mal. Markiere die wichtigen Begriffe (Schlüsselbegriffe) und unterstreiche die Erklärungen rot.
→ Gliedere den Text in Abschnitte und mache die Abschnitte im Text sichtbar (Begriffe an den Rand schreiben).
→ Notiere Stichpunkte am Rand, die den Inhalt der Abschnitte wiedergeben. Nutze dafür die Schlüsselbegriffe.
→ Kennzeichne Stellen, die auf W-Fragen antworten, mit entsprechenden Fragepronomen.

C) Fragemethode
Nach dem Lesen des Textes notiert man mithilfe von Fragen (siehe unten) wesentliche Einzelheiten eines Textes zur Erstellung eines Schreibplans. Dann überprüft man seine Stichpunkte und formuliert im Anschluss daran anhand der Stichpunkte eigene Sätze.
Personen: Welche Personen kommen zu Wort? Welche Ansichten vertreten sie?
Zeit: Über welchen Zeitraum erstreckt sich das Geschehen? Welche Zeitabschnitte werden hervorgehoben?
Ort: Welche Orte werden genannt? Sind sie von Bedeutung für das Geschehen?
Thema: Worum geht es im Text? Wie wird das Thema entfaltet? Warum wird das Thema aufgegriffen?

5 Stelle dar, wie der Computer „zur Erweiterung des menschlichen Geistes" beiträgt (Z. 6 f.) und wie sich das Lesen dadurch verändert.

6 Erkläre mit eigenen Worten, inwiefern sich durch das veränderte Lesen auch das Denkvermögen des Menschen wandelt.

7 Erläutere, welche Folgen die im Text dargestellte Entwicklung für die Bedeutung des Lesens hat.

8 Der Text zitiert Christoph Kucklick mit den Worten, das Lesen gehe ein in eine „Matrix aus Beobachtungen, Überwachungen, Vorhersagen, Bewertungen, Verführungen und Ermahnungen“ und stellt fest: „Das kann niemand wollen.“ (Z. 140 ff.) Erkläre diese Aussage und setze dich kritisch damit auseinander.

9 In seiner Schrift zur Beantwortung der Frage: „Was ist Aufklärung?“ schreibt Kant: „Es ist so bequem unmündig zu sein ... Ich habe es nicht nötig zu denken, wenn ich nur bezahlen kann; andere werden das verdrießliche Geschäft schon für mich übernehmen.“ (☞ Kombi-Buch Deutsch 10, S. 209)
Erörtere in deinem Heft, ob man die neuen Medien und ihre Möglichkeiten als Schritt zurück hinter die Aufklärung werten muss.

Jedes strittige Thema und jede offene Frage kann man von mehreren Seiten (Standpunkten) beleuchten, bevor man endgültig Stellung dazu nimmt. Eine gelungene Argumentation besteht aus den **„3Bs"**:

Behauptung **(These)** → **B**egründung **(Argument)** → **B**eispiel (Veranschaulichung des Arguments)

und/oder

→ **B**eleg (Absicherung)

Die schriftliche Form der Argumentation ist die **Erörterung**, die dabei hilft, einen Sachverhalt zu klären, eine Entscheidung zu begründen oder herbeizuführen. Die **dialektische Erörterung** berücksichtigt im Pro-und-Kontra-Verfahren mögliche Gegenargumente gleich mit. Den Abschluss bildet eine Synthese, in der Pro und Kontra zu einer persönlichen Stellungnahme zusammengeführt werden.

Formaler Aufbau einer dialektischen Erörterung (Gliederung):

Möglichkeit A:
Gliederung in Pro- und Kontra-Block

1. Einleitung

2. Hauptteil
2.1 These
Pro-Argument 1 mit Beispiel(en)
Pro-Argument 2 mit Beispiel(en)
Pro-Argument 3 mit Beispiel(en)
...
2.2 Antithese
Kontra-Argument 1 mit Beispiel(en)
Kontra-Argument 2 mit Beispiel(en)
Kontra-Argument 3 mit Beispiel(en)
...

3. Schlussteil
Synthese und eigene Stellungnahme

Möglichkeit B:
Gliederung nach Einzelargumenten

1. Einleitung

2. Hauptteil
2.1 These 1. Argument mit Beispiel(en)
Antithese 1. Gegenargument mit Beispiel(en)

2.2 These 2. Argument mit Beispiel(en)
Antithese 2. Gegenargument mit Beispiel(en)

2.3 These 3. Argument mit Beispiel(en)
Antithese 3. Gegenargument mit Beispiel(en)
...

3. Schlussteil
Synthese und eigene Stellungnahme

Kombi BUCH Deutsch 10

Arbeitsheft für den Sekundarunterricht
Ausgabe Luxemburg

Lösungen

Diagnostizieren

Seite 6/7

1, 2, 3, 4, 5, 6
individuelle Schülerleistung

Seite 8/9

1
Entscheidend für das Verstehen von schriftlichen Aufgaben sind die Operatoren, d.h. die Verben, die angeben, welche Leistung zur Lösung einer Aufgabe erbracht werden soll.

2 / 3 / 4
kursiv = Reproduktion, **fett** = Reorganisation, unterstrichen = Transfer, Problemlösung

Tätigkeiten	Operator
Aus einem Text Informationen, Aspekte eines Sachverhalts, Fakten entnehmen	*(be)nennen*
Textaussagen oder Sachverhalte in eigenen Worten strukturiert und fachsprachlich richtig darstellen	*beschreiben*
Inhalte, Zusammenhänge in eigenen Worten sachlich und fachsprachlich richtig formulieren	*wiedergeben*
Inhalte, Aussagen, Zusammenhänge komprimiert und strukturiert fachsprachlich richtig darstellen	**zusammenfassen**
An Texten, Textaussagen, Problemstellungen, Sachverhalten kriterienorientiert bzw. aspektgeleitet arbeiten	**untersuchen, erschließen**
Einen Inhalt, eine Aussage, eine Problemstellung, einen Sachverhalt in einen vorgegebenen oder selbst gewählten Kontext einbeziehen	**einordnen**
Texte, Textaussagen, Sachverhalte unter bestimmten Aspekten gegenüberstellen und analysieren, um Gemeinsamkeiten, Unterschiede, Abweichungen oder Gegensätze zu ermitteln	**vergleichen**
Textaussagen, Sachverhalte auf der Basis von Kenntnissen und Einsichten differenziert darstellen und durch zusätzliche Informationen und Beispiele veranschaulichen	**erläutern (inkl. erklären)**
Analyseergebnisse, Textaussagen, Sachverhalte, Problemstellungen mit vorgegebenen oder selbstgewählten Aspekten in Verbindung bringen	**in Beziehung setzen**
Ergebnisse der Textbeschreibung in einen Erklärungszusammenhang bringen; dabei genretypische, syntaktische, semantische und stilistisch-rhetorische Elemente und ihre Funktion und Intention berücksichtigen.	deuten
Hinsichtlich eines Textes, einer Textaussage, der ästhetischen Qualität eines Textes, eines Sachverhalts, einer Problemlösung mit Bezug auf Fachwissen und -erkenntnis zu einem selbstständigen, begründeten Sachurteil gelangen	beurteilen
Wie Operator „beurteilen", verbunden mit der Offenlegung begründeter eigener Wertmaßstäbe, die sich aus ausgewiesenen Normen und Werten ableiten	bewerten
Die Einschätzung einer Problemstellung, Problemlösung eines Sachverhaltes, einer Wertung auf der Grundlage fachlicher Kenntnis und Einsicht nach kritischer Prüfung und sorgfältiger Abwägung formulieren	(kritisch) Stellung nehmen
Ein Analyseergebnis, Urteil, eine Einschätzung, eine Wertung fachlich und sachlich absichern (durch einen entsprechenden Beleg, Beispiele, eine Argumentation)	begründen
Zu einer (fachlichen) Problemstellung oder These eine Argumentation entwickeln, die zu einem begründeten und nachvollziehbaren Ergebnis führt	auseinandersetzen
Eine Textaussage, These, Argumentation, Analyseergebnis, einen Sachverhalt auf der Grundlage eigener Kenntnisse, Einsichten oder Textkenntnis auf ihre/seine Angemessenheit hin untersuchen und zu Ergebnissen kommen	prüfen, überprüfen
In Verbindung mit einer Textvorlage auf der Grundlage einer konkreten Arbeitsanweisung einen eigenen Text unter Benennung der notwendigen Entscheidungen und Arbeitsschritte planen	entwerfen
In Verbindung mit einer Textvorlage, auf der Grundlage einer konkreten Arbeitsanweisung einen eigenen Text nach ausgewiesenen Kriterien erarbeiten	gestalten

5
Analysieren (interpretieren)
eines literarischen Textes oder eines Sachtextes

Literarische Texte:

- **Texterfassung, Textbeschreibung, Textdeutung:** unter Berücksichtigung des Wechselbezuges von Textstrukturen, Funktionen und Intentionen, Erfassen zentraler strukturbildender genre-typischer, syntaktischer, semantischer und stilistisch-rhetorischer Elemente und ihrer Funktion für das Textganze
- Kontextualisierung (historischer und aktueller Verstehenshorizont)
- Reflektierte Schlussfolgerungen auf der Grundlage der Ergebnisse der Textdeutung ziehen

Sollte eine Wertung oder Beurteilung gewünscht sein, wird dies ausdrücklich in der Aufgabenstellung formuliert.

Sachtexte:

• **Texterfassung, Textbeschreibung, Textuntersuchung:** *Zusammenhang Textstruktur und Textintention,* strukturbildende semantische, syntaktische Elemente unter Berücksichtigung der sprachlichen Funktion,

• Wirkung: *Erfassen* der pragmatischen Struktur des Textes unter besonderer Berücksichtigung der Argumentationsweise

• *Reflektierte Schlussfolgerungen* ziehen aus dem Zusammenspiel von Struktur, Intention und Wirkung im Rahmen des historischen und aktuellen Verstehenshorizontes

Sollte eine Wertung oder Beurteilung gewünscht sein, wird dies ausdrücklich in der Aufgabenstellung formuliert.

Seite 11

1

→ Die Kurzgeschichte „Die Tochter“ von Peter Bichsel handelt von der Ablösung einer Tochter von ihrem Elternhaus sowie der Entfremdung zwischen der Welt der Eltern und der Welt der Tochter, die zu Sprach- und Verständnislosigkeit führt.

Aussage	Textbeleg	Zeile(n)
1. Die Eltern schauen zu ihrer Tochter auf.	❸ Kürzlich hatte er Monika gebeten: „Sag mal was auf Französisch.“ – „Ja“, hatte die Mutter wiederholt, „sag mal etwas auf Französisch.“	66-69
2. Die Eltern haben gegenüber der Tochter eine Art Minderwertigkeitskomplex.	❶ Sie war größer gewachsen als sie, sie war auch blonder und hatte die Haut, die feine Haut der Tante Marie.	13-16
3. Die Eltern bestaunen den Bildungsstand der Tochter.	❺ Jetzt warteten sie täglich eine Stunde am gedeckten Tisch, an ihren Plätzen, der Vater oben, die Mutter auf dem Stuhl nahe der Küchentür, sie warteten vor dem leeren Platz Monikas.	6-10
4. Die Eltern empfinden die Lebenswelt der Tochter als fremdartig.	❼ Über Mittag blieb Monika in der Stadt, sie aß eine Kleinigkeit, wie sie sagte, in einem Tearoom.	29-30
5. Die Eltern können sich nicht damit abfinden, dass die Tochter dem Elternhaus entwachsen ist.	❹ In ihrem Zimmer hatte sie einen Plattenspieler und sie brachte oft Platten mit aus der Stadt und wusste, wer darauf sang. Sie hatte auch einen Spiegel und verschiedene Fläschchen und Döschen, einen Hocker aus marokkanischem Leder, eine Schachtel Zigaretten.	17-22
6. Die Eltern interessieren sich für das Leben ihrer Tochter.	❷ „Für uns wäre das zu schwer“, sagten sie oft zueinander.	71-72
7. Die Eltern machen sich ein Bild vom Leben ihrer Tochter.	❻ Oft fragten sie sie, was sie alles getan habe in der Stadt, im Büro.	33-34
8. Die Tochter spricht eine andere Sprache als sie.	❽ Dann versuchten sie wenigstens, sich genau vorzustellen, wie sie beiläufig in der Bahn ihr rotes Etui aufschlägt und vorweist, wie sie den Bahnsteig entlanggeht, wie sie sich auf dem Weg ins Büro angeregt mit Freundinnen unterhält, wie sie den Gruß eines Herrn lächelnd erwidert.	35-41

tatsächlicher Tagesablauf	Vorstellungen der Eltern
• Zugfahrt morgens in die Stadt • Mittagessen in einem Tearoom • Rückfahrt abends nach Hause • Arbeit in einem Büro	• lächelt Männern zu • unterhält sich mit Freundinnen • raucht • liest eine Illustrierte • holt ihr rotes Etui hervor und weist ihr Abonnement vor • geht den Bahnsteig entlang

Seite 12

Zeile 34

☒ Sie ist müde von der Arbeit und hat keine Lust darüber zu sprechen.

Zeile 78 f.

☒ Sie glaubt, dass ihre Eltern sie überschätzen, und will sie nicht darin bestärken.

2

Interpretiere die Kurzgeschichte „Die Tochter“ von Peter Bichsel unter besonderer Berücksichtigung der Figurengestaltung. Beachte dabei folgende Punkte:

- Fasse den Inhalt des Textes kurz zusammen.
- Beschreibe die gegenwärtige Situation der Familie. Analysiere das Eltern-Tochter-Verhältnis und untersuche, wie die Berufstätigkeit der Tochter, ihr Leben in der Stadt und mögliche Zukunftspläne Gegenwart und Zukunft der Eltern mit beeinflussen.
- Bewerte abschließend das Eltern-Tochter-Verhältnis.

Seite 12–14

3, 4, 5, 6

FEHLER!

Die X **1964** erschienene Kurzgeschichte „~~die~~ Die Tochter" von Peter Bichsel ~~handelt sich um~~ ~~die zunehmende~~ **handelt von der zunehmenden** Entfremdung zwischen einem Ehepaar und seiner Tochter. Die Eltern sitzen wie jeden Tag am ~~bedeckten~~ **gedeckten** Tisch und warten auf ~~seine~~ **ihre** erwachsen gewordene Tochter, die in der Stadt arbeitet. Während dieser einstündigen Wartezeit stellen sich X die **Eltern** den Tagesablauf ihrer berufstätig**en** Tochter genauestens vor: wie sie in die Stadt fährt, wie sie unterwegs mit ihren Freundin**n**en plaudert, wie sie im Tearoom lächelnd raucht, wie sie den Zug nach Hause nimmt ... Sie rechnen auch damit, dass ihre Tochter ~~sich bald verheiraten wird~~ **bald heiraten wird**.	X 1964 / R Die A handelt von ... A gedeckten / G die Eltern ➞ ihre / Z, X Sb (Subjekt) G R / Z, A (lux. Dt.) *[= Einleitung: Einleitender Satz mit Angaben zum Text und zum Thema + kurze Inhaltszusammenfassung]*
Die Eltern wollen es nicht so richtig wahrhaben, dass ihre Tochter selbstständig geworden ist und ihr eigenes Leben führt. Monika ~~war~~ **ist** ihr ganzer Lebensinhalt, der nun ~~weg~~ ~~zubrechen~~ **wegzubrechen** droht. Wie wichtig die Tochter für sie ist, zeigt sich X **daran**, dass die Eltern ihren gewohnten Tagesablauf für die berufstätige Tochter geändert **haben**. **F**rüher hatten sie immer eine Stunde eher gegessen. Jetzt warteten sie „täglich eine Stunde am gedeckten Tisch, an **ihren** Plätzen, der Vater oben, die Mutter auf dem Stuhl nahe der Küchentür." (Z. 6–9) Damit wird ein traditionelles Familienbild gezeichnet, in dem jeder seinen festen Platz einnimmt. Der „leere Platz Monikas" X **(Z. 9 f.)** steht dabei symbolisch für die Lücke, die die Tochter im Leben der Eltern hinterlassen ~~wird,~~ X **wird. Sie** wissen, dass Monika sich bald „in der Stadt ein Zimmer nehmen" wird (Z. 17 f.).	Z, T Präsens / R X daran Sb neuer Gedanke = neuer Satz / Zitat Anfang Zitat Ende X Zitat: Textstelle? X Sb
Ein Grund für die Entfremdung zwischen Eltern und Tochter sind die unterschiedlichen Lebenswelten, in denen sie sich bewegen: das Dorf und die Stadt, die Arbeiterwelt und die Bürowelt. Sie sind ~~nähmlich~~ **nämlich** in ihrer eigenen Erfahrungswelt erstarrt und bewundern das Leben ihrer Tochter. Das wird zum Beispiel deutlich an der Aufzählung der Dinge in ihrem Zimmer XXX **(Plattenspieler, Platten aus der Stadt, Fläschchen und Döschen, ein Hocker aus marokkanischem Leder, eine Schachtel Zigaretten)** (vgl. Z. 17–22), am Vergleich mit dem Bürofräulein, bei dem der Vater seine Lohntüte holt (Z. 24–28) oder wenn sie zueinander sagen: „Für uns wäre das zu schwer." X (Z. 27) X **Damit meinen sie Französisch und Stenografieren.** Die Tochter verkörpert für ~~sie~~ **die Eltern** eine Welt, die ihnen fremd ist und mit der sie nichts anfangen können. In ihren Vorstellungen hat die Tochter sie längst überholt, da sie manches beherrscht, ~~wofür~~ **wozu** die Eltern nicht fähig wären.	R nämlich XXX Die Dinge benennen X Zitat: Textstelle?/ X „das" = ? A die Eltern A zu etwas fähig sein ➞ wozu?
Die Eltern fragen die Tochter oft, „was sie alles getan habe in der Stadt, im Büro". (Z. 33 f.) Sie wollen immer noch am Leben ihrer Tochter teilhaben~~, was auch verständlich ist~~. Doch ~~sie wissen nichts zu sagen und es scheint als würden sie einfach irgendwelche Fragen stellen, nur damit sie sich überhaupt ein wenig unterhalten.~~ ~~Die~~ die Tochter weiß auf die Fragen und Bitten nichts zu sagen. Sie hat sich von der Lebenswelt ihrer Eltern entfremdet. Vielleicht sind diese Unterhaltungen ihr peinlich, ~~ist es ihr einfach zu primitiv auf sogenannte „Floskelgespräche" einzugehen,~~ vielleicht hat sie auch ein Problem damit, dass ihre Eltern sie so sehr bewundern. ~~Ich könnte mir vorstellen, dass es sie stört,~~ **Möglicherweise stört es sie,** dass alles, das was sie kann (z. B. dass sie weiß, wer auf den Platten singt, die sie mit nach Hause bringt, Z. 19), so sehr aufgewertet wird. ~~Mir würde es jedenfalls so gehen.~~ Sie hat erkannt, dass ihre Eltern ihr nicht mehr folgen können, möchte dies aber nicht zeigen, um sie nicht zu ~~blamieren~~ **verletzen**.	A keine persönlichen Wertungen im Hauptteil Sinn?/SaF A A keine persönlichen Wertungen im Hauptteil A keine persönlichen Wertungen im Hauptteil A keine persönlichen Wertungen im Hauptteil A

Andererseits weiß sie aber offensichtlich auch nicht, was sie aus ihrem Berufsalltag und ihrem Leben in der Stadt erzählen soll.	Wh
Es gibt wohl nicht viele Dinge, die ihr wichtig genug ~~sind, davon zu erzählen~~ **erscheinen, um darüber zu berichten**. Vielleicht ist ihr Leben ja auch gar nicht so	A
spannend, wie die Eltern sich das ~~vorstellen~~ ausmalen. Denn X alles, was	Wh
wir über den Tagesablauf der Tochter erfahren, sind nur die Vorstellungen,	Sb
die sich die Eltern darüber machen. X **(vgl. Z. 35-41)**	X Textstelle?
Aber auch die Eheleute selbst scheinen einander fremd geworden zu sein. Sie haben sich offenbar nichts mehr zu sagen. Ihre Gedanken und Gespräche kreisen nur um die Tochter~~, die ihr einziger Lebensinhalt geworden ist.~~	Wh Gedanke aus Absatz 2
Das unterstreicht der Autor ~~auch schon~~ **bereits** mit dem gewählten Titel „Die Tochter".	A/Wh
Deutlich wird das auch daran, dass erst wieder Bewegung in die Situation kommt, als die Mutter den einfahrenden Zug hört ~~und sich erhebt~~ **und den Kaffee auf den Tisch stellt**. (Z. 73)	A ➞ Was <u>genau</u> tut sie? *[Hauptteil: Beschreiben, analysieren, untersuchen: gegenwärtige Situation der Familie + Eltern-Tochter-Verhältnis / durch Textstellen belegen]*
~~Deshalb komme ich zu dem Entschluss~~ **Aus diesen Überlegungen schließe ich**, dass ~~das Verhältnis zwischen den Eltern und der Tochter fremdartig ist~~ **Eltern und Tochter sich fremd geworden sind**.	A (zum Schluss kommen / daraus schließen ≠ einen Entschluss fassen) A
Peter Bichsel hat in seiner Kurzgeschichte eine gut vorstellbare Situation ~~hervorgerufen~~ **geschildert**.	A
Er möchte die Eltern, deren Kinder erwachsen geworden sind, dazu auffordern, ihre Kinder loszulassen. Die Kinder sollen ihren eigenen Weg gehen können.	Z ,
Allerdings möchte er auch an die Kinder und zukünftigen Erwachsenen appellieren, sich mit ihren Eltern ~~auseinander zusetzen~~ **auseinanderzusetzen**.	R
Probleme im gemeinsamen Umgang ~~sollen~~ **sollten** aktiv angesprochen werden.	M *[Schluss: Abschließende Bewertung des Eltern-Tochter-Verhältnisses + persönliche Stellungnahme*

Seite 14

7

individuelle Schülerleistung

8

Erwartungshorizont zur Aufgabenstellung der Klassenarbeit:

Inhaltliche Aspekte

➞ Einleitender Satz mit: Autor, Titel, Textsorte, Jahr, Thema der Kurzgeschichte

➞ Inhalt zusammenfassen:

Eltern sitzen am gedeckten Abendbrottisch / warten auf die Heimkehr der Tochter, die in der Stadt in einem Büro arbeitet / Gedanken der Eltern kreisen um die Arbeit und das Leben der Tochter in der Stadt, um die Veränderungen in ihrem Zimmer / Eltern erwarten, dass ihre Tochter eines Tages heiraten und in die Stadt ziehen wird

➞ gegenwärtige Situation der Familie:

- Eltern haben ihr Leben nach dem Berufsalltag ihrer Tochter ausgerichtet: Sie essen eine halbe Stunde später, weil sie das Eintreffen des Zuges abwarten, mit dem ihre Tochter aus der Stadt zurückkehrt.
- Gedanken der Eltern kreisen um Tochter und deren neue Lebenswelt, die so ganz anders ist als ihre eigene / schauen zu ihrer Tochter auf / bewundern sie
- Der Tochter ist die Bewunderung ihrer Eltern eher peinlich. / Sie weiß nicht, wie sie damit umgehen soll, dass ihre Eltern zu ihr aufschauen.
- Sprachlosigkeit zwischen den Generationen: Ein wirkliches Gespräch kommt nicht auf. / Tochter wünscht sich Freiraum / Eltern klammern sich an Tochter / haben untereinander kein anderes Gesprächsthema als die Tochter / sind auf ihr Kind als Lebensinhalt fixiert + in ihrer eigenen Welt erstarrt

➞ Eltern-Tochter-Verhältnis: Entfremdung / Sprachlosigkeit / Beispiel dafür, wie schwer es für Eltern ist loszulassen + für Tochter, sich abzunabeln, ein eigenständiges Leben zu führen / unfähig, über diese Situation offen zu sprechen

Formale Darstellung

Der Schüler...

- strukturiert seinen Text schlüssig, stringent und gedanklich klar,
- deutet die Analyseergebnisse im Hinblick auf den Inhalt,

- drückt sich allgemeinsprachlich präzise, stilistisch sicher und begrifflich differenziert aus,
- formuliert unter Beachtung der fachsprachlichen Anforderungen,
- bezieht die Aussagen aufeinander,
- beachtet die Tempora,
- formuliert syntaktisch sicher, variabel und komplex,
- schreibt sprachlich richtig,
- belegt die Aussagen durch angemessenes und korrektes Zitieren.

Seite 15

1, 2, 3, 4
individuelle Schülerleistung

Dramatische Texte untersuchen

Seite 18

1
A c.) B a.) C b.)

2
die Szene: kleinste Einheit eines Dramas oder Films
der Monolog: laut geführtes Selbstgespräch einer Person auf der Bühne
die Exposition: einführender Teil eines Dramas, meist als 1. Akt oder Prolog
die Katastrophe: abschließender Wendepunkt des Dramas, bei dem der Held dem Untergang entgegensteuert
der Akt: Abschnitt eines Theaterstücks, im klassischen Theater meist fünf Akte

3
Klassisches Drama: strenger Aufbau: 5 Akte; Einheit von Ort, Zeit und Handlung; auf einen Handlungsstrang beschränkt; Ständeklausel (→ tragische Fallhöhe)
Bürgerliches Trauerspiel: klassischer Aufbau; Einheit von Ort, Zeit und Handlung, **aber:** Personen bürgerlichen Standes; Bürgertum als Vertreter von Tugend und Moral *versus* korrupter Adel → Ausdruck des bürgerlichen Selbstwertgefühls in der Aufklärung

Seite 20

1
- [x] Max Frisch war einer der bekanntesten Schweizer Schriftsteller.
- [x] „Andorra" behandelt das Thema Antisemitismus exemplarisch anhand eines fiktiven Staates.
- [x] Andri glaubt, er sei ein Findelkind, das aus dem Land der „Schwarzen" kommt.
- [x] Andris Lehrherr verhindert, dass Andri Tischler wird, da er ihn aufgrund seiner Vorurteile stattdessen als Buchhalter einsetzt.
- [x] Barblin ist Andris leibliche Schwester, deshalb darf er sie nicht heiraten.
- [x] Andri beobachtet, dass der Soldat Peider aus Barblins Kammer kommt.
- [x] Eines Tages kommt Andris Mutter in das Dorf, weil sie ihm gemeinsam mit dem Vater die Wahrheit über seine Herkunft mitteilen will, damit sich seine Situation verbessert.
- [x] Andris leibliche Mutter wird ermordet und er wird dieser Tat beschuldigt.
- [x] Bevor der Mord aufgeklärt werden kann, fallen die „Schwarzen" in Andorra ein und treiben alle Bewohner auf den Dorfplatz zusammen, um eine „Judenschau" durchzuführen. Andri wird verhaftet und getötet. Der Lehrer erhängt sich.

Seite 24

3
In dem Gespräch zwischen Andri und dem Pater geht es um Andris Eigenschaften und seine Gefühlsregungen, die der Pater benennt und als nicht schlimm, sondern akzeptierbar, aber auch als Eigenart der Juden darstellt, sodass Andri immer mehr davon überzeugt ist, dass er ein Jude und damit doch anders ist.

4
Zutreffend ist das Schema, in dem die beiden Pfeile voneinander wegzeigen, da Andri nichts hören will und auch deutlich wird, dass der Pater die Vorurteile verstärkt.

5
An der Frage des Paters „Warum willst du sein wie die anderen? Du bist gescheiter als sie, glaub mir, du bist wacher. Wieso willst du's nicht wahrhaben? [...] Was siehst du mich so an?" (Zeile 118 ff.) zeigen sich deutlich die Vorurteile, die im gesamten Drama vorherrschen. Dem steht Andris beständiges „Kann ich jetzt gehen?" (Z. 112, 126, 134, 136) gegenüber, das verdeutlicht, dass Andri sich diesem Gespräch entziehen will.

Seite 25

6
- [x] *Der Autor versucht aufzuzeigen, wie sich das Gewissen und das Verhalten eines Menschen verändern können ... als falsch herausstellen.*

Diese Antwort kommt dem Drama am nächsten, da Andri im Laufe des Stücks die Vorurteile der Andorraner Juden gegenüber übernimmt und sich diesem Fremdbild anpasst. Andererseits wird deutlich, dass die Andorraner nur aufgrund der Behauptung, Andri sei Jude, in ihm die jüdischen Eigenschaften sehen. Die Vorurteile haben fatale Konsequenzen, weil drei Personen sterben: Andri und seine leiblichen Eltern.

7

Erwartungshorizont

Inhaltliche Aspekte

Einleitung **Informationen zum Stück + Thema**	In seinem 1961 veröffentlichten Drama „Andorra", einem „Stück in zwölf Bildern", wie es im Untertitel heißt, setzt sich Max Frisch mit dem Antisemitismus und seinen Folgen auseinander. Dabei greift er zentrale Themen seines zeitkritischen Werks auf: die Selbstentfremdung und das Ringen um Identität. Das „Andorra" des Titels ist hier nicht der reale Ort, sondern ein Modell. Erzählt wird die Geschichte Andris, der von den Andorranern für einen Juden gehalten wird, ohne einer zu sein.
Hauptteil **Stellung der Szene im Handlungsverlauf**	Für seine Tragödie wählt Max Frisch die offene Form des epischen Theaters. Sein Drama „Andorra" umfasst zwei große Themenkomplexe mit jeweils sechs Bildern, Die ersten sechs Bilder zeigen die wachsende Ausgrenzung Andris aus der Gemeinschaft der Andorraner, die Bilder sieben bis zwölf dessen fortschreitende Identifikation mit seinem Anderssein. Im Gespräch mit dem Pater im siebten Bild wird deutlich, dass Andri sich in sein „Judsein" fügt, nachdem er zuvor immer mehr enttäuscht und in seine Rolle gedrängt worden ist. Danach soll er seiner leiblichen Mutter glauben, dass er kein Jude ist. Die Eskalation steht bevor.
Inhalt der Szene	Die Szene vergegenwärtigt ein über weite Strecken einseitig geführtes Gespräch zwischen dem Pater und Andri über dessen Eigenschaften. Alle Enttäuschungen Andris werden abgehandelt, der Inhalt des Dramas wird zusammengefasst.
Handlungsmotive/ Verhaltensweise des Paters	Der Pater will Andri dazu bringen, sein „Judsein" zu akzeptieren, indem er die Juden positiv von den Andorranern abgrenzt. Er bescheinigt Andri, „gescheiter (zu sein) als sie", „wacher" (Z. 119 f.) und erklärt ihm: „'s ist ein Funke in euch. Denk an Einstein! Und wie sie alle heißen. Spinoza!" (Z. 125 f.) Damit beweist er, dass er selbst Vorurteile hat und gegen das christliche Gebot „Du sollst dir kein Bildnis machen" verstößt. Er ist zunächst bemüht, durch Erinnerungen an die Vergangenheit Andris Vertrauen zu gewinnen und eine entspannte Atmosphäre herzustellen. Dann versucht er die positiven jüdischen Eigenschaften an Andri hervorzuheben (Intelligenz) und die Andorraner abzuwerten, indem er sie als herumbrüllende „Blödiane" darstellt (Z. 121 f.). Zugleich wirft er Andri Überempfindlichkeit vor und offenbart damit seine eigenen Vorurteile Juden gegenüber (vgl. Z. 97 ff.). Er drängt Andri dazu, sein Anderssein endlich anzunehmen und versichert ihm: „Du bist nicht feig, Andri, wenn du es annimmst, ein Jud zu sein. Bloß wenn du sein willst, wie die Andorraner alle, dann bist du feig ..." (Z. 132 f.)
Handlungsmotive/ Verhaltensweise Andris	Andri dagegen schwankt noch zwischen Fremd- und Selbstbildnis, er möchte nicht anders sein als die Andorraner und fühlt sich ausgeschlossen und ungeliebt. Andri blockiert durch sein Schweigen zunächst das Gespräch, öffnet sich dann doch und spricht von seinen Selbstzweifeln und den erfahrenen Zurückweisungen: vom Tischler, der ihm eine Lehre in seiner Werkstatt verweigert und stattdessen einen Verkäufer aus ihm machen will, weil Seinesgleichen „allweil nur ans Geld" denke (Z. 28 ff.), und vom Pflegevater, der ihm die eigene Tochter nicht geben will (Z. 89 ff.). Er hält daran fest, sich als Andorraner zu fühlen, er „will nicht anders sein" (Z. 73). Nachdem er gemerkt hat, dass der Pater in ihm auch nur den Juden sieht, entzieht er sich wieder. Er reagiert gar nicht mehr auf die Aussagen des Paters, sondern wiederholt immer wieder „Kann ich jetzt gehen?".
Handlungsort Regieanweisung	Ort der Handlung ist die Sakristei, d. h. der Bereich des Paters, der Ort, an dem er sich im Verlauf des Gespräches durch Anlegen des Messgewandes von der Vertrauensperson in den offiziellen Würdenträger der Kirche verwandelt. Den Bemühungen des Paters, an Andri heranzukommen und die Situation zu entspannen, steht zunächst Andris beharrliches Schweigen gegenüber, was durch die wiederholte Regieanweisung „Andri schweigt" untermauert wird. Auch die Regieanweisung „Pause" unterstreicht, dass das Gespräch nie wirklich in Fluss kommt. „Andri entzieht sich" (Z. 79) dem Pfarrer auch körperlich, wendet sich von ihm ab. Sein Zusammenbruch wird durch einen Redeschwall des Pfarrers begleitet (Z. 101-111) Nach dem entscheidenden Bekenntnis Andris, Barblin könne ihn nicht lieben, er selbst könne es ja nicht (Z. 110 f.), verhindert der Eintritt des Kirchendieners, der das Messgewand bringt, jedes weitere vertrauensvolle Gespräch. Der Pater schlüpft durch Anlegen des Messkleides in seine offizielle Rolle, Andri hat nur noch einen Wunsch: zu gehen.
Schluss **Beurteilung der Wirkung auf den Leser/ Zuschauer**	Beim Leser/Zuschauer löst diese Konstellation Mitempfinden für Andri aus. Zugleich distanziert er sich vom Pater. Er erkennt in ihm nicht den mitfühlenden Helfer und Tröster, sondern denjenigen, der seinerseits in Vorurteile verstrickt ist und von Andri erwartet, diesen Vorurteilen gerecht zu werden.

Formale Darstellung

Der Schüler...
- strukturiert seinen Text schlüssig, stringent und gedanklich klar,
- deutet die Analyseergebnisse im Hinblick auf den Inhalt,
- drückt sich allgemeinsprachlich präzise, stilistisch sicher und begrifflich differenziert aus,
- formuliert unter Beachtung der fachsprachlichen Anforderungen,
- bezieht die Aussagen aufeinander,
- beachtet die Tempora,
- formuliert syntaktisch sicher, variabel und komplex,
- schreibt sprachlich richtig,
- belegt die Aussagen durch angemessenes und korrektes Zitieren.

Lyrische Texte untersuchen

Seite 27

1

das Metrum: auch: Versmaß, regelmäßige Abfolge von Hebungen (x́) und Senkungen (x)

der Versfuß: auch: Takt, Einheit von betonter und unbetonter Silbe bzw. von einer Hebung und einer oder mehreren Senkungen

der Daktylus: Versmaß, bei dem auf eine betonte zwei unbetonte Silben (x́ x x) folgen

der Jambus: Versmaß, bei dem eine unbetonte und dann eine betonte Silbe (x x́) aufeinander-folgen

der Trochäus: Versmaß, bei dem eine betonte und dann eine unbetonte Silbe aufeinanderfolgen (x́ x)

2

Morgenstern: Paarreim: aa; **Wedekind:** Kreuzreim: abab; **Gernhardt:** umarmender Reim: abba, **Dach:** Kreuzreim: ababcdcd

Seite 28

3

Jambus: Dein Herz gleicht ganz dem Meere
x x́ x x́ x x́ x

Trochäus: Immer wenn es regnet
x́ x x́ x x́ x

Daktylus: Seltsam im Nebel zu wandern
x́ x x x́ x x x́ x

Anapäst: Schenke groß oder klein
x x x́ x x x́

Seite 29

4

individuelle Schülerleistung

5

In dem Gedicht „Auf und davon" von Ulla Hahn wird das Gefühl des Verlassenwerdens von einem Geliebten thematisiert.

6

Fortgeführt wird die Anstrengung, endlich zu vergessen, in der **dritten** Strophe.
In der **ersten** Strophe wird thematisiert, dass das lyrische Ich vom Geliebten verlassen wurde.
Die **zweite** Strophe greift das Gefühl auf und zeigt bildhaft die Gefühle des Verletztwordenseins.

Seite 30

7

☒ Im Gedicht wechseln regelmäßig betonte und unbetonte Silben.

8

Der Rhythmus wird geprägt durch den Hakenstil (Enjambement, also ständige Zeilensprünge). Er bildet den endlosen Gedankenfluss des lyrischen Ich in seiner emotional schwierigen Phase ab. Das lyrische Ich kann nicht „auf andere Gedanken kommen". Es ist besessen von der Trauer.

9

traurig (Vers 3 und 4), froh (Vers 3), sacht (Vers 10), kühl (Vers 14), gut (Vers 17)

10

Metapher: „Hab gesponnen das Gold zu Stroh" (Vers 1 f.) ➞ die ehemals „goldenen" Zeiten werden zu Stroh, also abgedroschen und unnütz (Auftaktbild: Sturz von Glück ins Unglück) / = Gegensatz zu Märchen „Rumpelstilzchen", wo das zu Gold gesponnene Stroh der Müllerstochter Glück verheißt
„Ließ mein Haar hinunter ... er war's der mir sacht die Flechten zerschnitt" Strophe 2 ➞ der Geliebte hat die Verbindung zum lyrischen Ich gekappt / = Gegensatz zum Märchen „Rapunzel", wo das herabgelassene Haar die Liebenden verbindet
Personifikation: „scher dich mein Herz" (Vers 18) ➞ Das Herz, das dem lyrischen Ich den Kummer bereitet, wird wie der Geliebte davon gejagt, um ihm keine Schmerzen mehr zufügen zu können (Ende des Gedichtes: Sich dem Leben nach dem Schmerz stellen wollen)

11

☒ Traurigkeit über eine private Enttäuschung bestimmt das Gefühlsleben. Strophe 1, Vers 3-5
☒ Die Resignation durch das Verlassenwerden ist dominantes Gefühl. Strophe 2, Vers 10-11
☒ Der Traum vom Neubeginn der vergangenen Beziehung wird erwogen. Strophe 3 , Vers 15-17

Seite 31

12

A) ➞ c) B) ➞ a) C) ➞ d) D) ➞ b)

13

Beispiellösung

Das Gedicht 1980 von Ulla Hahn verfasste Gedicht „Auf und davon" beschreibt die Liebe und das Leiden einer Frau (= lyrisches Ich), nachdem diese von ihrem Liebsten verlassen wurde. Es ist der „Lyrik der neuen Subjektivität" zuzuordnen, einer in den 1970er Jahren entstandenen Literaturform, die persönliche Träume und Probleme des Privatlebens thematisiert.
Das Gedicht schildert das Verlassenwerden und den Trennungsschmerz aus der Sicht eines weiblichen lyrischen Ich. Ein Hinweis auf das Geschlecht des lyrischen Ich sind das Wort „Herz allerliebster, Allerliebsten" (V. 6, 19) und die Beschreibung seiner Taten „er war's" (V. 10), „ist er geritten" (V. 12).
Jede Strophe spielt in Form einer Metapher auf ein anderes Märchen der Brüder Grimm an. In der ersten Strophe schildert das lyrische Ich seine Trauer, nachdem der Liebste es verlassen hat. „Hab' gesponnen das Gold zu Stroh" (V. 1, 2) entspricht einem Bild aus „Rumpelstilzchen". Während dieser jedoch für die Müllerstochter Stroh in Gold verwandelt und ihr so zu ihrem Glück verhilft, verhält es sich in Ulla Hahns Gedicht umgekehrt. Hier hat das lyrische Ich Gold zu Stroh gesponnen. In diesem Fall steht das Gold für die schöne, gemeinsame Zeit der Liebenden, die zu Stroh (dürrem, trockenem, unbelebtem Material) wird, nachdem der Liebste das lyrische Ich verlassen hat.
Die zweite Strophe zeigt, dass das lyrische Ich sich hintergangen fühlt. Es hat dem Liebsten vertraut, doch dieser zerstört die Vertrautheit: Er zerschneidet in Anlehnung an das Märchen von „Rapunzel" den Zopf des Vertrauens. Er lässt die Geliebte zurück und nimmt die Liebe mit sich. Der Schmerz dieses Verrats wird in der dritten Strophe deutlich, wenn das lyrische Ich von seinem Blut redet (V. 15). In Anspielung auf „Schneewittchen" soll hier küh-

lender Schnee in das heiße Blut der enttäuschten Liebe getropft werden. Das lyrische Ich bittet den Liebsten zurückzukommen und sich zu entschuldigen, um „wieder gut genug“ (V. 16 f.) für es zu werden. Das Zurückkommen könnte der kühlende, heilende Schnee auf der Seele der Liebenden sein. Am Ende gibt das lyrische Ich es jedoch auf, den Liebsten zurückzuwünschen, und schickt ihm ihr gebrochenes Herz hinterher, wobei das Herz personifiziert wird: „scher dich mein Herz zum Allerliebsten auf und davon“ (V. 18 ff.).

Dies zeigt, dass es im Kern des Gedichts um die Trauer und das Leiden einer Liebenden geht, die verlassen wurde, also um die einseitige Beendigung einer Liebesbeziehung und das Leid der Zurückgelassenen.

Das Gedicht ist in drei Strophen unterteilt, die unterschiedlich viele Verse haben. Die erste und die dritte Strophe haben sieben, die zweite Strophe nur sechs Verse. Darüber hinaus besteht die erste Strophe aus nur einem und die anderen beiden Strophen aus zwei Sätzen. Die Punkte am Satzende sind die einzigen Satzzeichen in dem Gedicht.

Im gesamten Gedicht gibt es keine Endreime. Die Verse enden als Zeilenumbruch, die Sätze führen über das jeweilige Versende hinaus (Enjambement), was das Aufgewühltsein und die ausweglose „Verstricktheit“ des lyrischen Ich in die eigene Gefühlswelt symbolisiert.

Das Gedicht von Ulla Hahn spricht mich besonders deshalb an, weil ich selbst schon einmal in dieser Situation des „Verlassenwordenseins“ gewesen bin. Ich kann also die Verzweiflung über das zerstörte Vertrauen und die Wut über das Zurückgewiesenwerden gut nachvollziehen. Das Ende des Gedichtes, also das Loslassen der vergeblichen Liebe und das Abschließen einer Erfahrung, kann für viele Menschen durchaus nützliche Lebenshilfe bieten und Mut zum Weiterleben nach leidvoller Erfahrung machen.

Seite 32

1

Mögliche Lösung: Ende einer Beziehung, Titel weist Widerspruch auf, die beiden haben sich nichts mehr zu sagen

Seite 33

2

Inhalt			
Textsorte/Gedichtart, Titel, Thema, Autor/-in, Entstehungszeit Gedicht, Liebeslyrik, „Sachliche Romanze“, scheiternde Beziehung, Erich Kästner, 1929 (in „Lärm im Spiegel“), Neue Sachlichkeit			
Inhaltliche Schwerpunkte Sprachlosigkeit am Ende einer Beziehung, Resignation, Paar ist traurig, Liebe ist „abhanden“ gekommen			
Sprecher/Sprechhaltung außenstehender Sprecher (auktoriale Sprechhaltung), distanzierte Haltung			
Äußere Form			
Strophenzahl 4	**Verse pro Strophe** insgesamt 17, dreimal 4, einmal 5	**Reimschema** abab cdcd efef (Kreuzreim) ghggh	**Metrum** unregelmäßig
Sprachliche Gestaltung			
Auffällige Adjektive sachlich, gut, traurig, heiter, kleinste	**Auffällige Verben** betrugen, versuchten, fassen	**Auffällige Nomen** Romanze, Klavier, Tassen, (kein) Wort	**Auffällige Adverbien** (kam) plötzlich abhanden, (wussten) nicht weiter, schließlich, allein
Besondere sprachliche Mittel (Sprachbilder, Klangfiguren o. Ä.) Oxymoron (Überschrift), Parenthese (V. 2.), Vergleich (V. 4), Antithese (V. 5)			
Syntaktische Gestaltung Kurze, klare Sätze, Parataxe, Aufzählungen, Wiederholungen, Präteritum (= Verweis auf das Vergangene, Beziehung = abgeschlossen)			
Wirkung			
Das Gedicht wirkt einerseits nüchtern durch den Satzbau und liest sich wie eine betont sachliche Beschreibung, andererseits wirkt es dadurch umso trauriger, weil der Inhalt und die Wortwahl das Ende einer Beziehung aufzeigen.			

Seite 34

3

Erich Kästner will zeigen, dass eine Beziehung auch nach vielen Jahren in die Brüche gehen kann und dass, selbst wenn beide Partner das Ende ihrer Beziehung wollen, weil sie wissen, dass die Beziehung gescheitert ist, mit dem Schlussstrich eine große Traurigkeit verbunden ist.

Seite 34

4

FEHLER!

Einleitung und Deutungshypothese Das Gedicht „Sachliche Romanze“ von Erich Kästner X handelt von einer scheiternden Beziehung. XX	X *Jahr fehlt* XX *sehr knapp: Informationen zum Entstehungsanlass (Kästners Trennung von seiner Jugendliebe 1926), Zuordnung: Neue Sachlichkeit* *Absätze einfügen!*
~~Nach meinem ersten Leseeindruck~~ will der Autor ~~uns~~ mit dem Gedicht sagen, dass eine Beziehung auch nach mehreren Jahren noch in die Brüche gehen kann.	Stil (Sprachfloskeln vermeiden) *Deutungshypothese = oberflächlich, sprachlich nicht gelungen*
Hauptteil Das Gedicht besteht aus 17 Versen ~~in~~ 4 Strophen. Die	A R verteilt auf vier

ersten ~~vier~~ Strophen bestehen aus vier und die letzte Strophe aus fünf Versen. Das Reimschema lautet abab cdcd efef ghggh, bildet also in den ersten ~~4~~ Strophen einen Kreuzreim und weicht davon nur in der letzten Strophe X ab. XX	SaF drei SaF R drei X durch den Einschub eines Verses / XX *Informationen zum Metrum fehlen / Aufbau: Inhaltliche Aspekte vor formalen Aspekten behandeln, Inhalt und Form des Gedichtes in Beziehung zueinander bringen* ➞ *Absatz verschieben*
Schon in der ersten Strophe wird die lakonische Schreibweise deutlich, die durchweg anhält. Erich Kästner verwendet, dem Titel entsprechend, sachliche Sätze. Die erste Strophe enthält komprimiert bereits ~~den zentralen Inhalt der Geschichte:~~ ~~Das Lyrische Ich~~ sagt aus, dass es schon seit acht Jahren die beteiligte Person kannte, und X die Liebe „abhanden" (V. 3.) kam. X	A SaF die zentrale Aussage des Gedichtes SaF A A T G (Wem?) T Der außenstehende Sprecher berichtet, dass das Paar sich seit acht Jahren kennt, als ihnen die Liebe „abhanden" kommt (V. 3) X *Verweis auf die Tempuswahl im Gedicht:* Er erzählt davon im Präteritum, dem Tempus der Vergangenheit und der abgeschlossenen Handlungen, und verdeutlicht damit das Endgültige der Situation. *Erläutern, warum die Aussage in Vers 2 in Klammern steht (➞ Aussage + Darstellungsform in Verbindung zueinander bringen)*
Strophe zwei handelt vom ~~Status der Beziehung~~ und ~~wie die Krise letztendlich offensichtlich wurde~~. Dabei versucht ~~das Lyrische Ich~~ ~~und sein Gegenüber~~, alles so wie immer scheinen zu lassen (V. 6.). Die Passivität wird nur einmal vom Weinen der Frau durchbrochen (V. 8.)	A ≠ Facebook; vom Festgefahrensein (von der Statik) der Beziehung / SaF Versuch, Krise durch rituelle Gesten zu überspielen G SaF versuchen die beiden/versucht das Paar SaF ≠ Text / Widerspruch zum vorherigen Gedanken
~~Das Lyrische Ich~~, ~~der~~ männliche Partner ~~in der Beziehung~~, versucht in Strophe 3 so zu tun, als wäre nichts geschehen („Er sagt, es wäre schon Viertel nach vier", V. 10). XX	SaF A Der XX Unvollständiges Zitat / Entscheidende Aussage fehlt: Was schlägt er vor? ➞ = Flucht in alltägliches Ritual, XX Letzter Vers ➞ Wozu? ➞ Erklären!
Danach „gingen [sie] ins kleinste Café am Ort (Strophe 4; V. 13), unternehmen also einen ~~erneuten~~ Versuch eines ~~gemeinsamen Erlebens~~, der jedoch ebenfalls scheitert, X („[...] und sie sprachen kein Wort" (V. 16), weil beide ~~indirekt~~ fühlen, dass ihre Beziehung am Ende ist. XX	SaF ≠ Textaussage X gedanklicher Zusammenhang zwischen Zitat und Interpretation? SaF ≠ „indirekt" XX Ausführlichere Interpretation: Parataxe V. 16 + 17: „Sie saßen allein" ➞ Wieso „allein"? / „kein Wort", „nicht fassen" ➞ unfähig nachzuvollziehen, wie es so weit kommen konnte = nicht begreiflich (fassbar), nicht in Worte zu fassen, Stil
Analysiert man das Liebesgedicht auf sprachliche Mittel, so fällt auf, dass es genau so sachlich ist, wie der Titel es schon ~~aussagt~~. Erich Kästner verzichtet fast durchgängig auf typischen Stilmittel wie Metaphern, Personifikationen ~~oder Vergleiche~~. Das Gedicht wirkt fast wie eine Geschichte, ~~also ein Text in Prosa~~. Es fällt ~~jedoch~~ das Oxymoron ~~in der Überschrift~~ ins Auge. X ~~und~~ die sarkastische Bemerkung aus Vers 2 („und man darf sagen: sie kannten sich gut"). Durch den Widerspruch in der Überschrift bekommt das Gedicht einen unwirklichen Charakter bzw. eine Verharmlosung. Kästner versucht, es ironisch, sogar sarkastisch wirken zu lassen, was besonders durch den Vers 2 ~~unterstützt~~ wird. ~~Hieran~~ merkt man, wie hilflos ~~das Lyrische Ich~~ dargestellt ist. In den beiden Strophen 2 und 3 versucht ~~das~~	WhG A andeutet G SaF vgl. V. 4 A man könnte auch von einer Ballade sprechen. A im Titel X *Oxymoron zitieren und erläutern* / Sb *neuer Gedanke* = neuer Satz Gedankensprung + Sinn? Einfügen: Informationen zum Aufbau A Was? Sinn? A A Woran? ➞ Gedanklicher Zusammenhang? / Z /

~~Lyrische Ich~~ der negativen Entwicklung entgegen zu wirken, aber es scheint schon alles verloren, was sich am Ende in der letzten, formal abweichenden Strophe zeigt. Sie besteht als einzige aus fünf Versen und wird von einem ~~undefinierbaren~~ Reim ~~„beherrscht“~~. Die Hilflosigkeit wird im Vers 17 deutlich, der mit einem Enjambement an den Rest des Gedichts ~~„angehängt“~~ ist. XX	SaF / Sinn? / R entgegenzuwirken SaF / Sinn? ➞ ungenau, teilweise auch sinnentstellend formuliert A A getragen A Sinn? XX Parallelismus zwischen V.13, 14 und V. 16, 17 / V. 15 = eingeschoben, um die Zeitspanne zu verdeutlichen, über die hinweg die Sprachlosigkeit zwischen den beiden sich hinzieht Stil ➞ *Auf Floskelsätze verzichten, stattdessen Hypothese wieder aufgreifen* A heran
Überprüfung der Deutungshypothese und Schluss ~~Vergleiche ich die Interpretation nun mit meiner Interpretationshypothese, so werde ich bestätigt.~~ Zieht man auch noch die Biografie von Kästner ~~zu Rate~~, so wird deutlich, dass ~~das Lyrische Ich~~ ~~mit dem Autor gleichgesetzt werden kann~~. ~~Bei Kästner ging nach 8 Jahren die Beziehung mit Ilse Julius zu Ende~~, weil sie sich auseinandergelebt hatten.	SaF / SaF / R ... Kästner in seinem Gedicht „Sachliche Romanze“ eigenes Erleben verarbeitet hat. Kästners Beziehung zu seiner Jugendliebe Ilse Julius ging 1926 nach acht Jahren in die Brüche, ...
~~Zusätzlich~~ ~~kann man sagen, dass~~ dieses Gedicht absolut zeitlos ist ~~und theoretisch in fast jeder Epoche der Literatur seinen Platz finden würde~~, weil die Liebe zu allen Zeiten ein Thema in Gedichten war. Des Weiteren wird auf beschönigende Stilmittel verzichtet, sodass der Titel auch auf das Gedicht zutrifft.	A / Stil / SaF Das Gedicht ist darüber hinaus inhaltlich wie sprachlich zeitlos. Beziehungen können in die Brüche gehen, heute wie damals. XX *Überlegungen vertiefen + Bezug zur Deutungshypothese klarer herausarbeiten / Einordnen in den literaturgeschichtlichen Kontext*
~~Abschließend ist zu sagen, dass~~ Kästner dieses Gedicht gut gelungen ist, weil er ein Beziehungsproblem ohne Beschönigung präsentiert.	Stil ➞ *Floskelhafte Formulierung* *Eigene Meinung ausbauen /Ausführlicher und besser begründen*

Seite 35

5

Beispiellösung

Einleitung und Deutungshypothese	Erich Kästners Gedicht „Sachliche Romanze" wurde 1929 veröffentlicht und ist der „Neuen Sachlichkeit" zuzuordnen. Diese Literaturströmung zeichnet sich unter anderem durch die Wahl zeitloser und überindividueller Themen aus. Das Gedicht handelt von einem Paar, das schon lange zusammenlebt und eines Tages feststellt, dass seine Liebe erloschen ist. Kästner, der selbst wenige Jahre zuvor das Ende einer langjährigen Beziehung erlebt hat, will in seinem Gedicht aufzeigen, dass eine Liebe zwar plötzlich und unerwartet zerbrechen kann, dass dies jedoch meist schleichend geschieht und eigentlich absehbar ist, auch wenn das Paar selbst es lange nicht wahrnimmt. Am Ende stehen die Betroffenen vor den Scherben einer Liebe, die einst vielversprechend begonnen hat und deren Ende beide schmerzerfüllt und ratlos zurücklässt.
Hauptteil	Auffällig an dem vierstrophigen Gedicht ist, dass der Text gänzlich im Präteritum verfasst ist, was den Umstand der „abhanden" gekommenen Liebe und das Endgültige der Situation zusätzlich verdeutlicht und unterstreicht. Der Sprecher im Gedicht stellt das Geschehen als Außenstehender dar. Er nimmt gewissermaßen die Position eines Beobachters ein. Dadurch wird eine eher erzählende Wirkung erzielt, fast wie in einem epischen Text. Man könnte sagen, dass Kästners Gedicht „Sachliche Romanze" an eine Ballade erinnert, die eine zeitlose Thematik aufgreift.
	Bereits in der ersten Strophe, die wie die beiden folgenden aus vier Versen besteht und wie diese einen Kreuzreim aufweist, wird der Rhythmus des gesamten Gedichtes vorgegeben. Kästner verwendet durchgehend einfach gebaute Satze, die sich oft über mehrere Verse erstrecken. Jedoch wirken sie trotz des Enjambements eher „abgehackt" als kunstvoll miteinander verbunden, was auch auf das unregelmäßige Metrum zurückzuführen ist. Dieser Eindruck wird noch durch die häufige Verwendung der Konjunktion „und" untermauert (V. 2, 7, 8, 11, 14, 16, 17), die ein gewisses lapidares Stakkato erzeugt. Schon die Überschrift des Gedichtes, „Sachliche Romanze“ – ein Widerspruch in sich –, erzeugt Befremden, verbindet man im Normalfall eine Romanze doch mit Romantik und hingebungsvoller Liebe, dem alles beherrschenden Gefühl, ohne den anderen nicht existieren zu können. Hier jedoch wird die Liebe durch das Oxymoron als etwas Sachliches, Nüchternes näher bestimmt. Dies wiederum entspricht der lapidaren Darstellung vom Ende einer Liebe, wie sie in der ersten Strophe des Gedichtes beschrieben wird. Nach achtjähriger Beziehung kommt dem Paar seine „Liebe plötzlich abhanden / Wie andern Leuten ein Stock oder Hut.“ (V. 3 f.) Das klingt fast so, als wäre die Liebe irgendein alltäglicher Gebrauchsgegenstand, den man versehentlich irgendwo stehen oder liegen gelassen hat und der nun weg ist. Unterstrichen wird dieser Eindruck des Nebensächlichen durch den Umstand, dass die Feststellung „und man darf sagen sie kannten sich gut“ in Vers 2 als Einschub in Klammern steht. Auch hier wird der Kontrast zwischen Aussage und Darstellungsform

deutlich. Denn die Feststellung, dass die beiden sich „gut kannten", beinhaltet zweierlei: tiefe Vertrautheit, aber auch das Wissen um die Verletzlichkeiten des anderen. Und gerade dieses Wissen wird oft ausgespielt, wenn Paaren die Liebe „abhanden" kommt.

Die lapidare Schlichtheit der Sprache, die fast gänzlich ohne Metaphern, Symbole und andere Stilmittel auskommt, ist Spiegel des sachlich nüchternen Eingeständnisses des Beziehungsendes. Dies wird auch in der zweiten Strophe deutlich, in der das Paar, nachdem es begriffen hat, was ihm eigentlich widerfahren ist, versucht, die Einsicht in das Ende seiner Beziehung zu verdrängen. Dabei handeln die beiden im Widerspruch zu ihren wahren Empfindungen: „Sie waren traurig, betrugen sich heiter / versuchten Küsse, als ob nichts sei" (V. 5 f.). Sie wollen ihr Scheitern nicht wahrhaben und versuchen, es durch rituelle Gesten zu überspielen. Aber es funktioniert nicht. Sie „sahen sich an und wussten nicht weiter." (V. 7) Beide haben offensichtlich Angst vor der Zukunft, dennoch sprechen sie nicht miteinander. Der Bann wird nicht einmal dann gebrochen, als „sie" die Fassung verliert und weint. Anstatt die Geliebte in den Arm zu nehmen und zu trösten, steht „er" nur tatenlos „dabei". Dies macht deutlich, wie tief der Graben zwischen beiden bereits ist und wie weit sie sich schon voneinander entfernt haben. Verdeutlicht wird der Abgrund, der sich aufgetan hat, auch dadurch, dass die beiden Sätze, die diese Situation beschreiben, durch einen Punkt in der Mitte des Verses voneinander getrennt sind. Dieser Punkt lässt „sie" auf der einen Seite des Abgrundes stehen und „ihn" auf der anderen. Die Distanz ist unüberbrückbar, „er" vermag „sie" nicht zu trösten oder sein Bedauern auszudrücken.

Der erste Vers der dritten Strophe lenkt den Blick weg von der Trostlosigkeit der eben geschilderten Szene hin zum Fenster, von wo aus „man Schiffen winken" kann (V. 9). Einerseits liegt in diesem Bild etwas Fröhliches, Heiteres, weil man es mit einer spontanen Geste an einem schönen Sommertag in Verbindung bringt, mit glücklichen Menschen, die anderen glücklichen Menschen zuwinken. Andererseits schwingt in diesem Bild auch etwas Wehmütiges mit, etwas von Abschiednehmen und Zurückbleiben. Und das wiederum greift auf, was dem Paar, das kurz vor seiner Trennung steht, widerfahren wird. Noch aber klammern sich beide an die alltäglichen Rituale, die einzig noch ihre Beziehung zusammenzuhalten scheinen und sie davor bewahren, über ihre wahren Probleme zu sprechen. Das wird deutlich in den Versen 10 und 11, die in indirekter Rede die Feststellung des Mannes wiedergeben, „es wäre Viertel nach Vier / und Zeit, irgendwo Kaffee zu trinken". An diese Feststellung schließt sich in Vers 12 ein erneuter Einbruch der Außenwelt in die gestörte Zweisamkeit an: „Nebenan übte ein Mensch Klavier." Auf den ersten Blick erscheint dies wie eine eher belanglose Nebensächlichkeit, und doch verdeutlicht auch dieser Umstand den Kontrast zu dem, was das Paar gerade durchlebt. Während seine Welt aus den Fugen gerät und auch Alltagsrituale nicht mehr helfen, geht das Leben um es herum seinen gewohnten Gang.

Das endgültige Aus der Beziehung wird in der letzten Strophe des Gedichtes verdeutlicht. Das Paar geht „ins kleinste Café am Ort" (V. 13), auch das wohl ein neuerlicher Versuch, Nähe und Intimität heraufzubeschwören. Aber es funktioniert nicht. Sie rühren nur in ihren Tassen und finden nicht mehr zueinander, obwohl sie sich stundenlang bis zum Abend gegenüber sitzen. Zwar sitzen sie an einem Tisch, denn sie sind ja gemeinsam ins Café gegangen, und doch „saßen (sie) allein, und sie sprachen kein Wort" (V. 16). Ein Austausch, ein klärendes Gespräch findet nicht statt. Jeder ist in seinen eigenen Gedanken, seiner eigenen Fassungslosigkeit gefangen. Sie können „es einfach nicht fassen" (V. 17), dass ihre Liebe ihnen „plötzlich abhanden" gekommen ist. Es ist ihnen unbegreiflich, wie es so weit kommen konnte. Es gibt keinen Draht mehr zwischen ihnen, keine Nähe, keine Brücke, die zum anderen führt. Das Unfassbare – das Ende ihrer Beziehung – ist zur unumstößlichen Realität geworden.

Das wird auch durch den Aufbau der vierten Strophe sichtbar, die sich von den vorherigen schon rein äußerlich darin unterscheidet, dass sie aus fünf Versen besteht. Vers 15 durchbricht als eingeschobener dritter Vers das Kreuzreim-Schema der vorangegangenen Strophen. Es ist die Feststellung: „Am Abend saßen sie immer noch dort.", die gerade in ihrer sachlichen Nüchternheit die ganze Dimension der ungenutzt verstrichenen Zeit verdeutlicht, denn Vers 16 greift das Bild des Dasitzens auf und ergänzt es um das Adverb „allein", das in Kombination mit der herrschenden Sprachlosigkeit die ganze Tragweite der Situation unterstreicht. Der Vers wirkt wie eine Zäsur und spiegelt damit den tiefen Einschnitt, der sich in diesem Moment im Leben des Paares vollzieht. Die Beziehung ist zu Ende, beide sind wieder allein.

Überprüfung der Deutungshypothese und Schluss (Teil 1)

Erich Kästner, dessen langjährige Beziehung zu seiner Jugendliebe Ilse Julius 1926 in die Brüche gegangen war, dürfte in seinem Gedicht „Sachliche Romanze" wohl auch eigene Erfahrungen verarbeitet haben. Auch ihn wird wohl die Frage umgetrieben haben: „Wie konnte das passieren?", so wie jeden, der schon einmal vor den Trümmern einer Liebe gestanden hat. Insofern ist sein Gedicht „Gebrauchslyrik" im Sinne der Neuen Sachlichkeit. Es greift eine Situation auf, die in ihrer schmerzvollen Alltäglichkeit jedem widerfahren kann.
Dabei wird deutlich: Auch wenn die Liebe scheinbar „plötzlich abhanden" kommt, so ist es in Wirklichkeit doch ein schleichender Prozess, der sich über einen längeren Zeitraum hinzieht, ohne dass die Betroffenen sich dessen bewusst werden und ohne dass sie es wahrhaben wollen. Vielmehr versuchen sie durch eingespielte Rituale und Gesten das Offensichtliche zu überdecken, weil ihnen die Worte fehlen, das eigentlich Unfassbare auszusprechen: dass sie sich nach all der Zeit, und obwohl sie einander gut kennen, nicht mehr lieben und dass sie nicht sagen können, wie es so weit kommen konnte. Es ist diese Einsicht in das Unbegreifliche, die Kästners Gedicht zeitlos macht.

Vergleich mit dem Gedicht von Ulla Hahn (Schluss, Teil 2)

Zwischen Kästners Gedicht „Sachliche Romanze" und Ulla Hahns „Auf und davon" liegen gut 50 Jahre. Dennoch eint sie die gleiche Thematik: das Zerbrechen einer Beziehung und der Schmerz und die Fassungslosigkeit, die damit einhergehen. Ulla Hahns Gedicht wirkt dabei emotionaler und unmittelbarer, weil es das Scheitern und das schmerzvolle Loslassen aus der Perspektive eines lyrischen Ich schildert, das seine Gefühle in Metaphern und Bilder kleidet und sich am Ende selbst zu einem Befreiungsschlag durchringt. Kästners Gedicht dagegen wirkt aufgrund der nüchternen Darstellung der auseinanderbrechenden Liebe durch einen außenstehenden Sprecher eher distanziert und lässt das Paar sprach- und fassungslos zu zweit allein zurück. Genau dieser Kontrast zwischen sachlicher Sprache und der unausgesprochenen Emotionalität der geschilderten Situation löst beim Leser Nachdenklichkeit und Mitgefühl aus. Er hat das Empfinden, eingreifen und das Paar in seiner Erstarrtheit aufrütteln zu müssen.

Epische Texte untersuchen

Seite 37

1

A) Anekdote **(f)**, **B)** Fabel **(b)**, **C)** Kurzgeschichte **(c)**, **D)** Novelle **(a)**, **E)** Parabel **(e)**, **F)** Roman **(d)**

Seite 38/39

2

Der Begriff ***Epik*** ist der Sammelbegriff für unterschiedliche Texte erzählender Literatur.
Die Figuren sind in epischen Texten die Träger der Handlung. Um sie genauer zu betrachten, kann man drei Aspekte näher untersuchen:

- ihre Beziehungen untereinander: ***Figurenkonstellation***
- ihre Merkmale (offen, geschlossen, vielschichtig, dynamisch, statisch): ***Figurenkonzeption***
- direkte oder indirekte Darstellung ihres Charakters: ***Figurencharakterisierung***

  Die Wiedergabe der Zeit (= ***Zeitgestaltung/Erzähltempo***) spielt für die Struktur eines Textes eine wesentliche Rolle. Die zeitlichen Abläufe der Handlung kann man unter folgenden Gesichtspunkten betrachten:
- **Reihenfolge:**
  - Ereignisse in chronologischem Ablauf (Anfang → Ende)
  - Rückblenden
  - Vorausdeutungen
- **Dauer:**
  Je nachdem, wie die ***erzählte Zeit*** (also die Zeitspanne, über die sich das erzählte Geschehen erstreckt) und die ***Erzählzeit*** (in welcher das Geschehen erzählt wird bzw. vorgelesen werden kann) zueinander in Beziehung stehen, unterscheidet man drei Varianten der Zeitgestaltung:
  - **Zeitdeckung:** Erzählzeit = erzählte Zeit
  - ***Zeitraffung:*** Erzählzeit < erzählte Zeit
  - **Zeitdehnung:** Erzählzeit > erzählte Zeit

  Nicht zu verwechseln ist die Erzählzeit mit dem Erzähltempus (in der Regel Präteritum), in dem Erzählungen verfasst sind.
  Der ***Erzähler*** darf nicht mit dem Autor des Textes gleichgesetzt werden. Nur in einer Autobiografie ist der Erzähler identisch mit dem Autor. Ansonsten ist er eine fiktive Gestalt, die zwischen der Handlung und dem Leser vermittelt. Er ist das vom Autor ins Werk gesetzte Erzählinstrument, mit dessen Hilfe dieser die Erzählform seiner Geschichte gestalten und strukturieren kann.
  Folgende weitere Differenzierung ist möglich:
- ***Erzählform:*** Damit wird die Unterscheidung zwischen den beiden grundsätzlich möglichen Erzählern bezeichnet. Im Falle einer **Ich-Erzählung** ist der Erzähler eine am Geschehen beteiligte Figur, die von sich erzählt. Der **Er-Erzähler** erzählt von anderen.
- ***Erzählsituation*** (auch Erzählverhalten): Grundsätzlich können sich sowohl Ich-Erzähler als auch Er-Erzähler auktorial, personal oder neutral verhalten; so nennt man die drei unterschiedlichen Erzählsituationen:
  - Der ***auktoriale*** Erzähler verfügt frei über das Geschehen und die Personen. Er steht außerhalb des Geschehens, weiß alles und macht durch Reflexionen, Analysen und Leseransprachen auf sich aufmerksam. Man spricht auch vom allwissenden Erzähler.
  - Der ***personale*** Erzähler erzählt in der 3. Person aus der Sicht einer oder mehrerer Figuren, in die er sich hineinversetzt, deren Gedanken und Gefühle er zu erfassen versucht und aus deren Sicht heraus er das Ganze erzählt. Er ist Teil der Geschichte.
  - Der **neutrale** Erzähler erzählt aus der Distanz, bezieht keine Stellung und ist als Figur nicht fassbar. Er berichtet über das Geschehen.

  In vielen Texten ändert sich die Erzählsituation, sodass Mischformen entstehen können. Dennoch kann man häufig eine vorherrschende Erzählsituation in den Mittelpunkt der Analyse rücken.
- ***Erzählperspektive:*** Mit der Erzählsituation verknüpft ist die Frage, von welchem Standort der Erzähler auf das Geschehen blickt, ob er in die Figuren hineinschauen kann, also ***Innensicht*** hat, oder ob er „nur" die **Außensicht** einnehmen kann. Während alle drei Erzähler, also der auktoriale, der personale und der neutrale Erzähler, alle Figuren von außen schildern können, kann der personale Erzähler (Er-Erzähler, Ich-Erzähler) nur die Innensicht der Figur darstellen, aus deren Perspektive er erzählt.
  Der auktoriale und der neutrale Erzähler können sowohl die Innensicht als auch die ***Außensicht*** darstellen.
- ***Erzählhaltung:*** Der Erzähler kann auch unabhängig von der Erzählsituation verschiedene Erzählhaltungen einnehmen. Je nachdem, ob er eher begeistert, zustimmend und wohlwollend etc. oder eher kritisch, ironisch oder ablehnend etc. erzählt, beeinflusst er die Textrezeption des Lesers.
  Weiterhin unterscheidet man den ***Erzählerbericht*** (alle Elemente eines Textes, die nicht Äußerungen oder Gedanken einer Figur sind) und die ***Figurenrede*** (Gedanken der Personen oder Figuren werden unmittelbar wiedergegeben).

Seite 40

1

Mutter Tochter

sprachliche Besonderheiten (zu Aufgabe 10, S. 43)

Walter Helmut Fritz – **Augenblicke**

Kaum stand sie vor dem Spiegel im Badezimmer, um sich herzurichten, als ihre Mutter aus dem Zimmer nebenan zu ihr hereinkam, unter dem Vorwand, sie wolle

sich nur die Hände waschen. Also doch! Wie immer, wie fast immer (*Wiederholung*). Elsas Mund krampfte sich zusammen. Ihre Finger spannten sich. Ihre Augen wurden schmal. Ruhig bleiben! Sie hatte darauf gewartet, dass ihre Mutter auch dieses Mal hereinkommen wurde, voller Behutsamkeit: mit jener scheinbaren Zurückhaltung, die durch ihre Aufdringlichkeit die Nerven freilegt. Sie hatte – behext, entsetzt, gepeinigt (*Klimax*) – darauf gewartet, weil sie sich davor fürchtete.
- Komm, ich mach dir Platz, sagte sie zu ihrer Mutter und lächelte ihr zu.
- Nein, bleib nur hier, ich bin gleich soweit, antwortete die Mutter und lächelte.
- Aber es ist doch so eng, sagte Elsa, und ging rasch hinaus, über den Flur, in ihr Zimmer. Sie behielt einige Augenblicke länger als nötig die Klinke in der Hand, wie um die Tür mit Gewalt zuzuhalten. Sie ging auf und ab, von der Tür zum Fenster, vom Fenster zur Tür. Vorsichtig öffnete ihre Mutter. Ich bin schon fertig, sagte sie.
Elsa tat, als ob ihr inzwischen etwas anderes eingefallen wäre, und machte sich an ihrem Tisch zu schaffen.
- Du kannst weitermachen, sagte die Mutter.
- Ja, gleich.
Die Mutter nahm die Verzweiflung ihrer Tochter nicht einmal als Ungeduld wahr.
Wenig später allerdings verließ Elsa das Haus, ohne ihrer Mutter adieu zu sagen. Mit der Tram fuhr sie in die Stadt, in die Gegend der Post. Dort sollte es eine Wohnungsvermittlung geben, hatte sie einmal gehört. Sie hätte zu Hause im Telefonbuch eine Adresse nachsehen können.
Sie hatte nicht daran gedacht, als sie die Treppen hinuntergeeilt war.
In einem Geschäft für Haushaltungsgegenstände fragte sie, ob es in der Nähe nicht eine Wohnungsvermittlung gebe. Man bedauerte. Sie fragte in der Apotheke, bekam eine ungenaue Auskunft. Vielleicht im nächsten Haus. Dort läutete sie. Schilder einer Abendzeitung, einer Reisegesellschaft, einer Kohlenfirma. Sie lautete umsonst.
Es war später Nachmittag, Samstag, zweiundzwanzigster Dezember.
Sie sah in eine Bar hinein. Sie sah den Menschen nach, die vorbeigingen. Sie trieb mit. Sie betrachtete Kinoreklamen. Sie ging Stunden umher. Sie würde erst spät zurückkehren.
Ihre Mutter würde zu Bett gegangen sein. Sie würde ihr nicht mehr gute Nacht zu sagen brauchen. (*Reihung sehr kurzer Hauptsätze oder sogar Ellipsen, Wiederholung von „sie"*)
Sie würde sich, gleich nach Weihnachten, eine Wohnung nehmen. Sie war zwanzig Jahre alt und verdiente. Kein einziges Mal würde sie sich mehr beherrschen können, wenn ihre Mutter zu ihr ins Bad kommen würde, wenn sie sich schminkte. Kein einziges Mal.
Ihre Mutter lebte seit dem Tod ihres Mannes allein. Oft empfand sie Langeweile. Sie wollte mit ihrer Tochter sprechen. Weil sich die Gelegenheit selten ergab (Elsa schützte Arbeit vor), suchte sie sie auf dem Flur zu erreichen oder wenn sie im Bad zu tun hatte. Sie liebte Elsa. Sie verwöhnte sie. Aber sie, Elsa, würde kein einziges Mal mehr ruhig bleiben können, wenn sie wieder zu ihr ins Bad käme.
Elsa floh. (*ungewöhnliches Verb, Zäsur*)
Über der Straße künstliche, blau, rot, gelb erleuchtete Sterne. (*Metapher*) Sie spürte Zuneigung zu den vielen Leuten, zwischen denen sie ging.
Als sie kurz vor Mitternacht zurückkehrte, war es still in der Wohnung. Sie ging in ihr Zimmer, und es blieb still. Sie dachte daran, dass ihre Mutter alt und oft krank war. Sie kauerte sich in ihren Sessel, und sie hätte unartikuliert schreien mögen, in die Nacht mit ihrer entsetzlichen Gelassenheit (*Personifikation*).

Seite 41

2

Merkmale der Personen	Mutter	Tochter	Textstellen
Aussehen	keine Angaben	keine Angaben	
Verhalten	freundlich, aufdringlich	ungeduldig, genervt	„als ihre Mutter hereinkam ... unter dem Vorwand ... Hände zu waschen" (Z. 2 ff.) / Also doch! (Z. 5) ... Elsa und ging rasch hinaus. (Z. 19 f.)
Sprache	höflich	höflich	Elsa: „Komm, ich mach dir Platz." (Z. 15, vgl. a. Z. 19, Z. 30) / Mutter: „Nein, bleib nur..." (Z. 17, vgl. a. Z. 29)
Mimik	lächelnd	verspannt	Elsas Mund krampfte sich zusammen und ihre Finger spannten sich. Ruhig bleiben! (Z. 6 ff.) / ... antwortete die Mutter und lächelte (Z. 17 f.)

3/4

1. Die Enge: Die Mutter kommt zur Tochter ins Badezimmer.
2. Der Anlass: Das neuerliche Eindringen der Mutter in Elsas Intimsphäre bringt das Fass zum Überlaufen.
3. Die Suche: Elsa läuft durch die Stadt auf der Suche nach einer Wohnungsvermittlung.
4. Die Entscheidung: Elsa entscheidet, sich nach Weihnachten eine eigene Wohnung zu nehmen, ist aber hin- und hergerissen wegen der Situation ihrer Mutter.
5. Auf der Flucht: Elsa irrt durch die Stadt und kehrt aufgewühlt nach Hause zurück, weil sie spürt, dass sie nicht gehen kann.

5

Der Beginn könnte auch die Fürsorge einer Person einer anderen gegenüber spiegeln, wenn die Tochter z. B. krank wäre. Oder die Situation, in der eine Mutter eine minderjährige Tochter daraufhin kontrollieren möchte, was sie für Kleidung trägt, wie sie sich schminkt o. Ä.

Die Bedeutung hinter der Überschrift könnte sehr vielschichtig sein, es könnten Augenblicke im Leben eines Menschen sein, es könnte die Begegnung zweier Menschen gemeint sein oder Augenblicke, die das Leben in diese oder jene Richtung verändern.

Seite 42

6

a) Diese Aussage ist *nicht direkt belegt*, höchstens durch die Aussage, dass die Mutter seit dem Tod ihres Mannes alleine lebt und oft Langeweile hat (vgl. Z. 63 ff.).

b) Diese Aussage *trifft zu*. Die Tochter lächelt, obwohl sie sich gestört fühlt (vgl. Z. 13 ff.). Das zeigt, genauso wie die Tatsache, dass sie ihrer Mutter nichts über ihre Auszugspläne erzählt, dass sie nicht offen mit der Mutter spricht.

c) Diesem Urteil ist *nicht zuzustimmen*, denn sowohl die Tochter, die weg möchte, als auch die Mutter, die einsam ist, befinden sich in einer schwierigen Situation. Was nicht nachvollziehbar ist, ist die Tatsache, dass die beiden nicht offen miteinander reden.

d) Diese Aussage ist *zweischneidig*, auf der einen Seite ist die Tochter rücksichtsvoll, da sie ihrer Mutter nichts über ihre wahren Gefühle mitteilt, andererseits ist es rücksichtslos, einfach wegzugehen, ohne sich zu verabschieden (vgl. Z. 33 f.) und so spät zurückzukehren, dass sie „ihr nicht mehr gute Nacht zu sagen brauch(t)e." (Z. 54 f.).

7

☒ Der Text problematisiert die Beziehung zwischen einer älter werdenden Mutter und ihrer noch bei ihr lebenden erwachsenen Tochter.
Diese Formulierung erfasst das Thema deshalb am besten, weil aus dieser Spannung der Konflikt entsteht. Die Tochter ist 20 Jahre alt und möchte eigentlich ihr eigenes Leben leben, sieht aber, dass ihre Mutter älter wird und sie braucht.

8

Von Ehrlichkeit kann man nicht sprechen. Sie lügen nicht, aber sie verschweigen die wahren Gefühle, diese finden nur im Inneren statt.

Seite 43

9

Die Geschichte ist aus der Sicht der Tochter erzählt, um deren Empfindungen und ihren Versuch am Schluss, sich in die Mutter hineinzuversetzen, für den Leser nachvollziehbar zu machen. Es ist eine einseitige Darstellung der Situation. Die Perspektive der Mutter wird nicht dargestellt.

10

siehe Markierungen im Text (Lösungen: S. 12 f.)

11

Erwartungshorizont

Einleitung:

- Einleitender Satz mit Autor, Titel, Textsorte, Jahr
- Thema: Konfliktsituation Tochter/Mutter (Konfliktsituation, junge Erwachsene zwischen Freiheitswillen und emotionaler Gebundenheit; Generationenkonflikt)

Inhaltsangabe: Elsas Lebenssituation und Handlung der Geschichte: Elsa ist zwanzig, verdient ihr eigenes Geld, lebt zusammen mit ihrer Mutter, von der sie sich bedrängt fühlt; Umherlaufen in der Stadt kurz vor Heiligabend; erfolglose Suche nach einer eigenen Wohnung; Nachdenken über die Situation der Mutter und deren Verhalten; Flucht vor einem weiteren Zusammentreffen mit der Mutter; Verzweiflung nach der Rückkehr ins Haus

Erzählperspektive: in der 3. Person aus der Perspektive der Tochter erzählt, um ihre Empfindungen und ihre Gedanken über die Mutter und deren Situation sowie die eigene innere Zerrissenheit für den Leser sichtbar zu machen; einseitige Darstellung der Situation: die Beweggründe der Mutter werden nur aus der Sicht der Tochter skizziert

Gefühle und Verhalten der Figuren zueinander:

- Die Mutter versucht, die Tochter zu erreichen, ohne zu merken, dass sie diese bedrängt (Z. 4 f., 9 ff., 31 f., 65 ff.)
- Schlüsselfunktion des Satzes: „Die Mutter nahm die Verzweiflung ihrer Tochter nicht einmal als Ungeduld wahr." (Z. 31 f.)
- Bedürfnis der Tochter nach individuellem Lebensraum und Intimsphäre in ihrer Gestik, z.B.: die Tochter will die Tür zuhalten, Mutter öffnet sie (Z. 21 ff.)
- (Übersteigerte) Reaktion der Tochter auf die Kontaktsuche der Mutter (Z. 9 ff., 19 ff., 59 ff., 79 ff.)
- Anwendung von Kommunikationsmodellen auf die Kurzgeschichte: Unterschied zwischen Sachaspekt und Verhaltensaspekt = groß
  - Verbale und mimische Freundlichkeit in der direkten Kommunikation mit der Mutter (S. 15 ff.)
  - Versteckte Feindseligkeit und Abwehr in der indirekten (= nonverbalen) Kommunikation (z. B. Türzuhalten, aus dem Weg gehen, absichtliches langes Fernbleiben von Zuhause)
- Unfähigkeit der Tochter, ihre wahren Gefühle ihrer Mutter gegenüber auszudrücken („und lächelte ihr zu" (Z. 18), „Elsa tat, als ob ihr inzwischen etwas anders eingefallen wäre" (Z. 26 f.))
- Flucht in die Stadt als Ausdruck des Freiheitswillens und des Wunsches nach Unabhängigkeit („Elsa floh." (Z. 73))

Sprache:
- Wiederholungen (z. B. Z. 1), um die Regelmäßigkeit des Verhaltens darzustellen
- Kurze Sätze zur Verdeutlichung der inneren Anspannung

Schluss:
- Abschließendes Fazit der Analyse: Eine emotionale Annäherung zwischen Mutter und Tochter wird nicht gezeigt, eine Problemlösung wird nicht angeboten.
- Die beiden sollten offen miteinander reden, dadurch würde zum Beispiel klar, dass Elsa es zwar genießt, von ihrer Mutter verwöhnt zu werden, und auch deren Einsamkeit nach dem Tod ihrer Mannes versteht, dass sie in ihrem Alter zugleich aber auch berechtigten Anspruch auf ihre Intimsphäre und ein eigenständigeres Leben erhebt. Dadurch würde der Konflikt vielleicht entschärft.

12

individuelle Schülerleistung

Seite 44

1

Parabel	Gleichnis
Menschliche Grunderfahrung (Einsamkeit, Intoleranz o. Ä.) anhand eines Einzelfalls Lehrhafte und kurze Erzählung	Lehrhafte und kurze Erzählung
Geschehen (**Bildebene**) hat symbolische Bedeutung, das Gemeinte im Allgemeinen (**Sachebene**) muss vom Leser hergeleitet werden	Im Text ist direkt angegeben, womit das Erzählte zu vergleichen ist (wie ...)
Präteritum	Präsens

2

Zwei Frauen übertrumpfen sich gegenseitig mit der Schilderung der Eigenschaften ihrer Söhne, eine dritte hält sich zurück, ist bescheiden. Der Greis, der die ganze Zeit zugehört hat, beurteilt nur den Sohn der dritten Frau aufgrund seiner Hilfsbereitschaft als wahren Sohn.

Seite 45

3

Merkmale der Parabel	Die drei Söhne
Menschliche Grunderfahrung (Einsamkeit, Intoleranz o.Ä.) anhand eines Einzelfalls	Prahlerei über Söhne versus Zurückhaltung der dritten Mutter
Lehrhafte und kurze Erzählung	32 Zeilen / Moral: Aussage des Greisen: „Wo sind eure Söhne? [...] Ich sehe nur einen einzigen Sohn!" (Z. 31 f.)
Geschehen (Bildebene) hat symbolische Bedeutung, das Gemeinte im Allgemeinen (Sachebene) muss hergeleitet werden	Nicht, was die Mutter über ihre Söhne sagen, sondern was ein Sohn tut, entscheidet. ➞ Wahre Größe zeigt sich von selbst im mitmenschlichen Handeln.
Erzähltempus = Präteritum	Präteritum

4

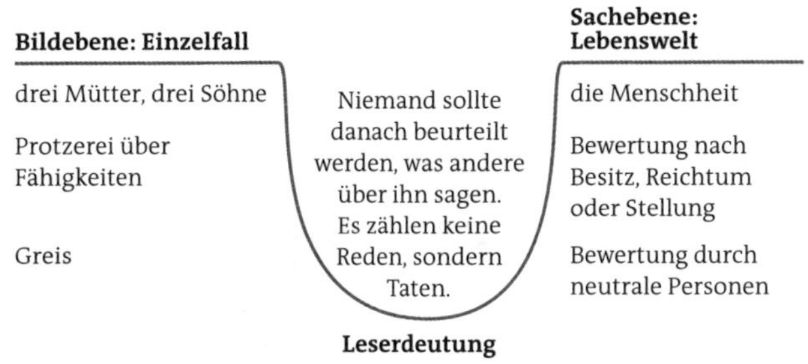

5

Der Text zeigt am Beispiel einer individuellen Geschichte, dass der Charakter eines Menschen nur nach seinem Tun und Handeln zu beurteilen ist und dass man allzu lauten Lobgesängen grundsätzlich eher misstrauen sollte.

Sachtexte untersuchen

Seite 47

1

I Gebrauchsanleitung	**I** Reportage	**A** Leserbrief
I Biografie	**I/A** Rezension	**I** Musikgeschichte
A Antrag	**A** Kommentar	**I/A** Schulordnung

2

Mit dem Text „Wer liest? Die Maschine oder ich?" verfolgen die Verfasser die Intention, darauf hinzuweisen, wie der Computer das Lesen, Schreiben und Denken der Menschen bereits beeinflusst hat und noch beeinflussen wird.

Seite 49

2

Einleitende Vorinformation:

In ihrem im Dezember 2014 im Magazin „Der Spiegel" erschienen Artikel „Wer liest? Die Maschine oder ich?" befassen sich Hauke Goos und Claudia Voigt mit der Frage, wie sich unser Lesen durch die Entwicklung des Computers verändert hat und noch verändern wird. Dabei stellen sie dar, wie das Lesen der Zukunft aussehen wird und wie sich die Digitalisierung auf unser Denken und Schreiben auswirkt. Des Weiteren zeigen sie die Gefahren auf, die daraus erwachsen, dass die großen Internetkonzerne immer stärker Einfluss auf unser Lesen nehmen.

3

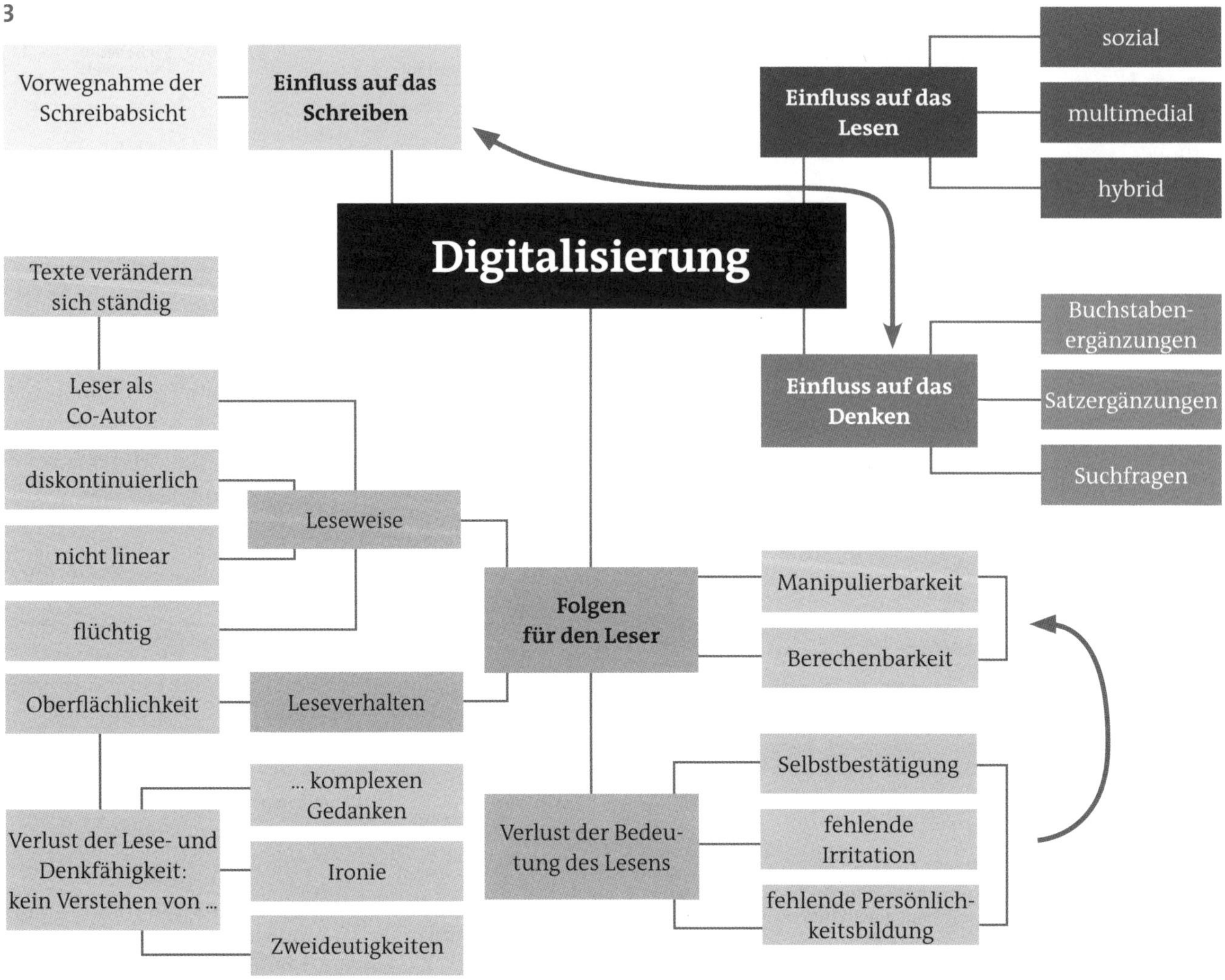

Seite 51

4

Hauke Goos, Claudia Voigt

Wer liest? Die Maschine oder ich?

1. Digitales Zeitalter → Neue Dimension des Lesens und Schreibens

Beginn des digitalen Zeitalters

→ Erweiterung des menschl. Geistes

Beipspiele für Textverarbeitung

Der 9. Dezember 1968 war ein Schlüsselmoment für die Zukunft des Lesens – der Tag, an dem das digitale Zeitalter begann. An diesem Dezembertag demonstrierte der amerikanische Informatiker Douglas C. Engelbart in San Francisco, wie der Computer „zur Erweiterung des menschlichen Geistes" beiträgt. Engelbart zeigte dem staunenden Publikum, wie ein Text auf einem Bildschirm durch Löschen, Einfügen und Verschieben von Wörtern verändert werden kann. Er schaltete zwischen verschiedenen Darstellungsarten hin und her, mit der Maus klickte er ein Wort an, um eine andere Textdatei zu öffnen.

durch Digitalisierung Veränderung im Lesen u. Schreiben

=

Wiedergabe der Erkenntnisse des Computerlinguisten Henning Lobin

Dieser Vortrag habe zum ersten Mal erahnen lassen, wie durch die Verbindung von Automatisierung, Datenintegration und Vernetzung etwas Neues entsteht, schreibt der Computerlinguist Henning Lobin: „Nicht nur eine technologische Innovation, sondern eine neue kulturelle Dimension des Lesens und Schreibens."

Lobin, Geschäftsführender Direktor des Zentrums für Medien und Interaktivität an der Universität Gießen, hat gerade ein bemerkenswertes Buch veröffentlicht, das davon handelt, „wie der Computer uns Lesen und Schreiben abnimmt".

2. Konkrete Veränderungen des Lesens

1. Lesen wird sozial

Bsp. Amazon

Drei Grundtendenzen hat Lobin ausgemacht: Das Lesen der Zukunft wird, erstens, sozial. Eigentlich, sagt Lobin, ist das Lesen asozial. Doch künftig teilen wir, was wir lesen, und wir lesen, was andere geteilt haben. So wird das Lesen in einen umfassenden sozialen Austausch integriert. Amazon beispielsweise ist längst mehr als ein Onlinekaufhaus, auch für Bücher. Zugleich ist es eine Literaturplattform, auf der die Buchkäufer eigene Rezensionen publizieren können, die dann („War diese Rezension für Sie hilfreich? Ja/Nein") wiederum bewertet werden können.

2. Lesen wird multimedial

Zweitens, sagt Lobin, wird das Lesen multimedial. Viel mehr als bisher werden wir nicht nur den Text lesen, sondern dazu Videos, Interviews, animierte Grafiken, Karten, Fotos und dergleichen angeboten bekommen.

3. Lesen wird hybrid

Lesen nur noch mithilfe von Maschine

Drittens, und das ist die wichtigste Neuerung, wird das Lesen zunehmend „hybrid". Der Computer verwandelt den Text zunächst in eine Bit-Folge, die dann in einen lesbaren Text zurückverwandelt werden muss. Wir können digitale Texte also deshalb nicht ohne Hilfe des Computers verstehen. Das Lesen ist nur noch mithilfe einer Maschine möglich.

3. Computer übernimmt Lesen und Denken

Computer steuert Lesen

die Symbiose: Zusammenleben ungleicher Lebewesen

Computer übernimmt Denken

Schon heute mischt sich der Computer ständig ein. Wörter werden vom Computer vervollständigt, Suchanfragen selbstständig ergänzt, der Computer schlägt Wörter vor und verweist darauf, was andere Leser interessant fanden. Er erobert dadurch den Raum, der sich zwischen uns und dem Text aufgetan hat – in dem Maße, in dem wir dem Computer Aufgaben überlassen, ermächtigen wir ihn, das Lesen für uns zu steuern. „In der nun beginnenden Digitalkultur leben wir Menschen in Symbiose mit den Maschinen, sind auf Gedeih und Verderb von ihnen abhängig und dadurch zum Spielball der technischen Evolution geworden", schreibt Lobin. Das hat praktische Konsequenzen. Denn der Computer hilft uns nicht nur beim Schreiben, er übernimmt auch unser Denken bereitwillig. Ähnlich wie er Buchstaben zu Wörtern ergänzt, indem er berechnet, was wir schreiben wollen, ergänzt er Sätze zu Gedanken, indem er berechnet, was wir am liebsten denken.

4. Folgen für das Lesen

- geschlossene Kreisläufe → kein neuer Input

Die Folge: geschlossene Kreisläufe, sich selbst verstärkende Systeme wie Facebook, auf denen wir nur noch finden, was uns gefällt.

- Denken wird kolonisiert

„Unsere Gehirne passen sich den Bedingungen des digitalen Lesens und Schreibens an", sagt Lobin. „Schriftliche Informationen werden kognitiv anders verarbeitet und gespeichert, werden uns ganz anders prägen. Unser Denken erfährt eine Kolonisierung durch den Computer und die digitale Schrift, so wie es früher durch das Buch mit seiner gedruckten Schrift kolonisiert wurde."

- kein lineares Lesen mehr

Künftig werden wir immer weniger linear lesen, von oben nach unten, von vorn nach hinten, vom Anfang zum Ende. Wir erschaffen die Reihenfolge selbst, wir werden quasi zu Ko-Autoren eines Textes, und die großen Player des Internets, ob Amazon, Google oder Facebook, werden versuchen, uns dabei nach Kräften zu unterstützen.

- viele fortlaufend ändernde Textversionen

Beim digitalen Lesen wird es künftig nicht mehr nur eine Textfassung geben, sondern viele Versionen eines Textes, die, ähnlich den Wikipedia-Einträgen, fortlaufend ergänzt, korrigiert und aktualisiert werden. Unser Leseverhalten wird direkt auf die Texte zurückwirken. Und jeder Text ist nur der Entwurf für den nächsten.

5. Folgen für Leseverhalten

- flüchtige Lektüre

Die Folge von alldem: Gebrauchstexte werden künftig noch flüchtiger, unkonzentrierter, weniger vertieft gelesen als heute. Das Gebrauchs- und Nutzlesen der Zukunft erfolgt nebenher, als Teil einer umfassenderen Kommunikation.

- einfachere Texte

Im Umkehrschluss bedeutet das: Texte werden einfacher zu konsumieren sein, die Sätze werden kürzer, die Gedanken weniger komplex. Gut möglich, sagt Lobin, dass es für zukünftige Generationen unmöglich sein wird, den Argumentationsbogen beispielsweise von Kants „Kritik der reinen Vernunft" verstehen zu können.

Und wenn wir nicht mehr in der Lage sind, längeren, komplizierten Argumen-

- Lesefähigkeit entwickelt sich zurück

ten zu folgen – verlernen wir dann auch das Zwischen-den-Zeilen-Lesen? Geht das Zweideutige, das Subversive, der Sinn für Ironie verloren? Können wir Alternativen benennen, wenn wir sie nicht kennenlernen? Und wie sollen wir benennen, wofür es keine Worte mehr gibt?

- Sinn und Zweck des Lesens geht verloren

Wenn wir nur noch Texte lesen, die uns gefallen, oder Texte, die uns Menschen empfehlen, die wir kennen und mögen, dann lesen wir nur noch, was unsere eigene Meinung bestätigt. Der Zweck des Lesens, neben Zerstreuung und Unterhaltung, war aber immer auch Irritation. Lesen ist mehr als Konsum. Lesen ist Teilhabe an der Gesellschaft, am Wissen und Fühlen der schreibenden und lesenden Menschheit. Nicht nur Bestätigung zu suchen, sondern Neues, Überraschendes, Provozierendes, Fremdes, das, auch das, erwarten wir von Lektüre.

6. Gesellschaftliche Folgen

- Ausbeutung

Wir erwarten nicht, dass unser Gelesenes von anonymen Mächten gleichsam mitgelesen wird zum Zwecke der ausbeutbaren Ausdeutung. Dass die Giganten des Internets, sie mögen Amazon, Google oder Facebook heißen, immer mehr über uns wissen, ohne dass wir besonders viel über sie wüssten. „Wir werden transparent", schreibt Christoph Kucklick in seinem Buch „Die granuläre Gesellschaft", „die Transparenzerzeuger bleiben undurchsichtig". Das Lesen geht laut Kucklick ein in eine „Matrix aus Beobachtungen, Überwachungen, Vorhersagen, Bewertungen, Verführungen und Ermahnungen". Das kann niemand wollen.

- Transparenz des Einzelnen
versus
- anonyme Giganten des Internets
= Ansicht des Autors Christoph Kucklick

(Der Spiegel, 50/2014)

5

Der Computer erweitert das menschliche Denken, indem Wörter verschoben und Darstellungsformen verändert werden können und die Nutzer zwischen Dateien hin und her springen können. Der Computer übernimmt zum Teil das menschliche Denken und ergänzt Buchstaben zu Wörtern bzw. Sätze zu Gedanken, ausgehend von dem, was wir am liebsten schreiben oder denken. Er ergänzt Suchanfragen oder verweist darauf, was andere Leser interessiert. Durch den Computer verändert sich ebenso die Leseweise: Wir lesen nicht mehr linear und auch nicht mehr vom Anfang bis zum Ende. Als Co-Autoren tragen wir zu verschiedenen Textentwürfen bei. Neben der Leseweise ändert sich auch unser Leseverhalten: Unser Lesen – vor allem jenes von Sach- und Gebrauchstexten – wird oberflächlicher. Das Zwischen-den-Zeilen-Lesen wird wahrscheinlich verloren gehen ebenso wie die Fähigkeit, komplizierten Argumentationsstrukturen zu folgen.

Seite 52

6

Die Veränderung des Lesens beeinflusst auch unser Denkvermögen. Da wir nur noch oberflächlich lesen, werden auch die Texte immer einfacher gehalten, komplizierte Argumentationsstrukturen werden vermieden. Das hat zur Folge, dass sich unser Denken anpasst und immer weniger gefordert wird. Die Leser verlieren zunehmend den Sinn für Ironie und Zweideutigkeiten und können komplexen Gedankengängen immer weniger folgen.

Für das Lesen hat dies zur Folge, dass wir nur noch das lesen, was uns gefällt. Das Lesen wird nicht mehr dazu führen, dass wir irritiert werden und unsere Meinung in Frage stellen. Durch die Lektüre erleben wir weder Überraschendes noch Fremdes, was unsere eigene Sicht erweitern könnte. Lesen bietet nur die Selbstbestätigung und nicht mehr eine Erweiterung der Persönlichkeit.

Seite 53

8

- Die Digitalisierung hat dazu geführt, dass alles, was wir lesen und schreiben, von anonymen Mächten bzw. großen Internet-Konzernen wie Facebook, Amazon und Google kontrolliert und gesteuert wird. Dadurch, dass wir den Computer für das Lesen nutzen, werden wir zum durchsichtigen Menschen, dessen Denken vorhersehbar wird und beeinflusst werden kann. Indem der Computer uns Lesevorschläge unterbreitet und unsere eigenen Wörter und Sätze ergänzt, lenkt er unser Denken und Schreiben in eine bestimmte Richtung. Er filtert, was wir lesen, und beeinflusst so unsere Sicht auf die Welt. Als mündiger Mensch kann dies niemand wollen, denn das hieße, dass der Mensch nicht mehr selbstbestimmt denkt und handelt.
- Eigene kritische Auseinandersetzung mit der Problematik

9

Erwartungshorizont

- Einleitung:

Kants Zitat aufgreifen und erläutern / Themenfrage stellen

➞ „Es ist so bequem ... *(vollständiges Zitat)*... übernehmen." Diese Feststellung Kants besagt, dass die Menschen zur Bequemlichkeit neigen und daher die Entscheidungen über ihr Schicksal und ihr Wohl und Wehe gerne anderen überlassen. Dafür sind sie sogar bereit zu zahlen. Kant hat dieser selbst gewählten Entmündigung seinen berühmten Weckruf der Aufklärung entgegengesetzt: „Habe Mut dich deines eigenen Verstandes zu bedienen." Er wollte die Menschen aus ihrer „selbst gewählten Unmündigkeit" herausführen und sie dazu bringen, selbst zu denken und selbst über ihr Tun zu entscheiden.
Im Zeitalter der Digitalisierung hat es den Anschein, als würde der moderne Mensch sich erneut in die „selbst gewählte Unmündigkeit" begeben, indem er sein Leben von Computer, Smartphone und Co. lenken lässt. Stimmt dieser Eindruck?

- Hauptteil:

Pro- und Kontra-Erörterung (dabei beachten: über die Überlegungen aus dem zuvor behandelten Artikel „Wer liest? Die Maschine oder ich?" hinausgehen)

➞ *Pro:*
These: Der moderne Mensch begibt sich mit der Nutzung der Annehmlichkeiten der digitalen Welt in die „selbst gewählte Unmündigkeit". Indem er für die Verheißung auf Bequemlichkeit das Denken und Entscheiden an Apps und Maschinen delegiert, geht er in seinem Denk- und Urteilsvermögen hinter die Aufklärung zurück.

- Die zunehmende Digitalisierung unserer Lebenswelt kommt unserer Bequemlichkeit entgegen. Wir überlassen nur allzu gerne unseren smarten Begleitern die Regie. Bsp. Navi, Gesundheitsapps, Telefonnummern/Kontakte im Smartphone, ...
- Die Giganten der Computerbranche entwickeln selbst denkende Roboter und selbstfahrende Autos, die für uns das Handeln übernehmen sollen. Weitere Bsp. Rollläden und Türen per Smartphone bedienen, Kühlschränke, die selbst die Einkaufsliste zusammenstellen ...
- Die neue Art zu lesen und zu kommunizieren, die mit der Nutzung der digitalen Medien einhergeht, führt dazu, dass unser Denken nicht mehr gefordert wird. Die Befürchtung besteht, dass sich unser Denken zurückentwickelt. Wir verlassen uns blind auf Online-Angebote, ohne das Gelesene und Gesehene kritisch zu hinterfragen. Wir bewegen uns in Foren und sozialen Netzwerken unter Gleichgesinnten und bekommen so keine neuen Impulse mehr. Andere Weltsichten und Meinungen bleiben außen vor. So verlieren wir unser kritisches Denkvermögen. Stattdessen werden wir für Internetgiganten wie Google, Facebook oder Amazon durchschaubar und manipulierbar. Gegenüber Autoritäten kritisch zu sein, fällt uns immer schwerer. Bsp. automatische Wort- und Satzergänzung beim Verfassen von Nachrichten und bei Suchanfragen, Amazon-Buchempfehlungen „Das könnte Sie auch interessieren", an Suchanfrage angepasste Werbebanner bei Google ...

➞ *Kontra*
These: Die neuen Medien eröffnen enorme Möglichkeiten, um im Sinne der Aufklärung ein selbstbestimmt handelnder Mensch zu sein.

- Smartphone, soziale Netzwerke und Internet-Telefonie erlauben unmittelbare Kontakte zu jeder Zeit und über Grenzen hinweg. *(passendes Beispiel)*
- Das Internet stellt eine unerschöpfliche Wissens- und Informationsquelle dar. ➞ WWW als große Bibliothek, die über Grenzen, Kontinente und Sprachen hinweg jedem zugänglich ist / Nutzer = nicht nur Konsument, sondern kann auch zum Autor eigener Inhalte werden. *(passendes Beispiel)*
- Die Welt ist transparenter geworden. Es ist für die Mächtigen schwieriger geworden, Politik über die Köpfe der Menschen hinweg hinter verschlossenen Türen zu betreiben. Die Vielfalt an Informationsmöglichkeiten erlaubt es dem Einzelnen, Entscheidungen wohlüberlegt zu treffen, Ansichten kritisch zu hinterfragen und sich im Austausch mit anderen Menschen ein Urteil zu bilden. *(passendes Beispiel)*

Schluss

Ein mögliches Fazit: Ob die neuen Medien und ihre Möglichkeiten sich positiv oder negativ auf die Mündigkeit des Menschen auswirken, hängt allein vom Menschen selbst ab und davon, wie er die Medien nutzt.

Argumentieren

Seite 56

1

Pro E-Book	
Argument	Beleg/Beispiel
- einstellbare Schrift und unveränderte Qualität	- Bücher werden mit der Zeit muffig und vergilben - kleine Schrift, eng bedruckte Seiten
- Lieblingsbücher von einst günstig	- für wenig Geld oder umsonst Klassiker herunterladen
- platzsparend	- ganze Bibliothek passt in die hintere Hosentasche einer Jeans - spart Platz im Reisekoffer
- Bücher jederzeit schnell verfügbar	- Download dauert nur wenige Minuten - kann jederzeit unabhängig von Öffnungszeiten getätigt werden - bequem von zuhause oder einem anderen Ort aus

- leichtere Auswahl in der Flut der Neuerscheinungen	- gratis Leseprobe herunterladen und abends in Ruhe zuhause reinschauen
Kontra E-Book	
Argument	**Beleg/Beispiel**
- Körperlosigkeit, bloß eine Datei	- nichts, was man anfassen, riechen, ins Regal stellen kann - Seiten können nicht aktiv manuell umgeblättert werden
- Duft der Bücher weckt Erinnerungen an Leseerlebnis	- Geruch alter Bücher löst im Gedächtnis Assoziationen zu Situation/Lebensabschnitt aus, in dem das Buch gelesen wurde

Seite 57

2
individuelle Schülerleistung

3
☐ *Bald habe ich Geburtstag ...*
≠ angemessene Einleitung
- ... zu teuer = Argument
- ... Themenfrage ≠ Frage, die der Aufgabenstellung gerecht wird

☒ *Im Bus, im Zug ...*
= angemessene Einleitung
- Allgemeine Beobachtung eines neuen Trends ➞ *daran schließt sich an* ➞
- Themenfrage, die der Aufgabenstellung gerecht wird

☐ *Vor kurzem sah ich ...*
≠ weder inhaltlich noch sprachlich angemessene Einleitung
- Es geht nicht um Bewertung und inhaltliche Wiedergabe einer TV-Sendung.
- Floskeln (~~Diese Argumente werde ich jetzt aufzählen. Dabei werde ich mit den Vorteilen beginnen.~~)
- Themenfrage fehlt

Seite 58

4
individuelle Schülerleistung

5
individuelle Schülerleistung

6

	Ja	Nein
Fehlerquellen im inhaltlichen und formalen Bereich		
Die Gliederung ist formal und stilistisch einheitlich.	✗	
Die Argumentation ist vollständig (Behauptung Pro/Kontra, Begründungen und Belege Pro/Kontra).		✗
Die Beispiele oder Belege sind geeignet und überzeugend.		✗
Überleitungen sind vorhanden.	✗	
Ausführung und Gliederung stimmen überein.		✗
Die Einleitung ist angemessen, enthält keine Argumente und stellt die Themenfrage.	✗	
Die Schlussfolgerung enthält Synthese und Ausblick und rundet die Erörterung ab, ohne neue Argumente anzuführen.		✗
Fehlerquellen im orthografischen Bereich		
Die Rechtschreibung ist korrekt.	✗	
Die Kommas, vor allem in und am Ende von Nebensätzen, sind korrekt gesetzt.		✗
Fehlerquellen im sprachlichen Bereich		
Die Wortwahl ist geeignet.	✗	
Der Ausdruck passt zur Thematik (nicht zu umgangssprachlich, aber auch nicht zu gezwungen) und ist klar und sachlich.		✗

Beispiellösung
Verknüpfung von Gedanken

Sind E-Reader ein Ersatz für gedruckte Bücher?

Einleitung und Themenfrage	Im Bus, im Zug, im Flugzeug, im Café, am Strand: Überall sieht man inzwischen Menschen, die nicht mehr in einem Buch aus Papier lesen, sondern sich in ihren E-Reader vertiefen. Der Trend weg vom bedruckten Papier scheint nicht mehr aufzuhalten zu sein. Aber sind E-Reader wirklich ein Ersatz für das gedruckte Buch?
Hauptteil *Kontra-Argumentation* *Begründung 1* *+ Belege/Beispiele*	Gegen den E-Reader spricht, dass der Zugriff auf die elektronischen Bücher von vielen Faktoren abhängig ist. Im Gegensatz zu einem klassischen Buch muss zum Beispiel der Akku des E-Readers geladen und der Zugang zum Internet hergestellt sein, da sich der Leser ansonsten das gewünschte Buch nicht herunterladen kann. Zudem kann es zu Problemen mit der Softwarekompatibilität kommen, weil nicht alle digitalen Ausgaben der Bücher auch mit jedem E-Reader lesbar sind. So kann man die auf Amazon erworbenen E-Books nur mit einem Kindle-Gerät öffnen, auf dem der Käufer angemeldet ist. Darüber hinaus muss sich der Leser bewusst sein, dass er nicht das Buch selbst, sondern nur unter seinem Kundenkonto die Lizenz zum Öffnen einer Datei erhält. Zudem hat der Leser darauf nur eingeschränkten Zugriff und kann sie zum Beispiel nicht den Freunden oder der Familie ausleihen. Es ist sogar möglich, dass diese Datei in der Zukunft überhaupt nicht mehr nutzbar ist, wenn die Software veraltet.
Begründung 2 *+ Belege/Beispiele*	Des Weiteren fehlt dem E-Reader die Haptik des gedruckten Buches, was das Leseerlebnis verändert. Zu einer körperlosen Datei auf einem Datenspeicher lässt sich nicht die gleiche Beziehung

aufbauen wie zu einem Buch, das man in die Hand nehmen und mit allen Sinnen wahrnehmen kann. Menschen, die gerne lesen, lieben den Geruch neuer und alter Bücher, beim Umblättern der Seiten verspüren sie ein Gefühl von Entspannung und Geborgenheit. Ihnen bietet das Lesen eines klassischen Buches die Möglichkeit, der digitalen Welt zu entfliehen, auf andere Gedanken zu kommen und wortwörtlich „abzuschalten". Dieses entspannende Erlebnis kann ein elektronisches Gerät mit einem hellen Bildschirm nicht ersetzen.

Begründung 3
+ Belege/Beispiele

Außerdem wird die Frage aufgeworfen, ob man die hohen Anschaffungskosten für einen zusätzlichen Stromfresser tatsächlich in Betracht ziehen soll, da Smartphone, Tablet und Laptop sich in jedem Haushalt finden. Tatsächlich stehen unterschiedliche Softwares, mit denen sich E-Books auf anderen elektronischen Geräten lesen lassen, als Applikationen zum Herunterladen zur Verfügung. Das Online-Versandhaus Amazon bietet zum Beispiel die „Kindle-App" an, sodass man auch auf einem normalen Tablet-Gerät oder Smartphone Zugriff auf elektronische Bücher hat und man keinen E-Reader braucht. Diese Option eignet sich vor allem, wenn man nur selten E-Books liest und gedruckte Bücher zum Beispiel nur während der Ferien ersetzen möchte.

Pro-Argumentation
Begründung 1
+ Belege/Beispiele

Auf der anderen Seite muss jedoch angeführt werden, dass der Leser, ungeachtet der hohen Anschaffungskosten, mit einem E-Reader den Geldbeutel schont. Elektronische Bücher sind aufgrund der niedrigeren Produktionskosten günstiger als ihre gedruckten Versionen. Wenn man viel liest, sollte man daher die niedrigen Folgekosten auf jeden Fall in Betracht ziehen. So sind zum Beispiel die Neuerscheinungen, die im ersten Jahr meist nur als teure Hardcover-Version verfügbar sind, oft um die Hälfte billiger. Kostenlos zur Verfügung stehen sogar die meisten Klassiker, bei denen die Autorenrechte verfallen sind.

Begründung 2
+ Belege/Beispiele

Darüber hinaus erleichtert der E-Reader die Auswahl der Lektüre. Leseproben können gratis heruntergeladen werden, somit ist der Leser nicht an Öffnungs- oder Lieferzeiten gebunden. Er kann gemütlich abends auf dem Sofa das Angebot durchsehen und sich in Ruhe für ein neues Werk entschließen, statt im Laden in der Schlange zu warten, um das Buch im Anschluss dennoch bestellen zu müssen. Der Download erfolgt innerhalb weniger Minuten. Hat man das eine Buch ausgelesen, ist das nächste schnell zur Hand.

Begründung 3
+ Belege/Beispiele

Das wichtigste Argument für den E-Reader bleibt aber der praktische Aspekt. Anders als herkömmliche Bücher lässt sich das Gerät an die individuellen Bedürfnisse des Lesers anpassen. Abrufbar sind beispielsweise integrierte Wörterbücher und Erklärungshilfen. Markieren kann der Leser den Text genau wie in einem gedruckten Buch, wobei die gekennzeichneten Wörter und Sätze sogar in einer weiteren Datei gespeichert und für andere Zwecke verwendet werden können. Schriftart und -größe ebenso wie die Bildschirmhelligkeit sind je nach Vorliebe und Einsatzort einstellbar, sodass der Text sowohl in der prallen Sonne als auch abends im Bett angenehm zu lesen ist. Vor allem aber macht der E-Reader den Leser viel mobiler und flexibler: Ganze Bibliotheken passen in ein handliches Gerät, das weniger wiegt als die meisten Taschenbücher.

Synthese, Schlussfolgerung und Ausblick

So kann man festhalten, dass ein E-Reader, abhängig von den Bedürfnissen des Lesers, durchaus eine Alternative für das gedruckte Buch darstellt. Auch wenn er vielleicht nicht als hundertprozentiger Ersatz für das gedruckte Buch anzusehen ist, so erleichtert er doch vielen Menschen das Leseerlebnis und verschafft auch der Generation des digitalen Zeitalters durch seine Vielseitigkeit einen breiteren Zugang zum Lesen. Die meisten Menschen werden sich wahrscheinlich in Zukunft immer mehr den technischen Geräten zuwenden und die elektronischen den gedruckten Büchern vorziehen, vor allem, da auch der E-Reader kontinuierlich verbessert und das Angebot erweitert wird, um sich den Wünschen der Leser anzupassen und das Lesen noch angenehmer zu gestalten.

Seite 61

1

individuelle Schülerleistung

→ ☒ Thema: Der Text erforscht die Gründe, warum die Jugendlichen so viel Geld für Markenprodukte ausgeben.

Seite 62

2

Peter Bloed und Jana Tilz

Jugendliche im Kaufrausch: jung, hip und markengeil

I Vanessa sieht gut aus ... Marke, Marke, Marke. (Z. 1-20)

II Ist diese Entwicklung ... sie genießen es, jung zu sein. (Z. 20-51)

III Die Mehrheit der deutschen Jugendlichen ... die momentane Situation. (Z. 51-71)

I Junge Menschen geben immer mehr Geld für Konsumartikel und Luxusgüter aus.

II Diese Entwicklung hat mehrere Gründe, die im Folgenden genannt werden.

III Das Lebensgefühl junger Menschen wird durch eine pessimistische Weltsicht geprägt, oft leiden sie unter dem gesellschaftlichen Leistungsdruck.

3

Argumente

- Das Verhalten der Jugendlichen spiegelt die Möglichkeiten in der Konsumgesellschaft wider.
- Junge Menschen identifizieren sich mit den Produkten, die sie verwenden, und benutzen diese, um ein Bild von sich selbst abzugeben.
- Die Heranwachsenden wollen sich von ihren Eltern abgrenzen. Durch den Konsum suchen sie soziale Anerkennung unter ihresgleichen.
- Durch ihr Kaufverhalten versuchen junge Menschen sich vom gesellschaftlichen Druck zu befreien.

4

individuelle Schülerleistung

→ Weitere Gründe:
Vorbilder in den Medien, leichter Zugang zu Produkten durch Möglichkeiten wie Shopping im Internet, Vereinheitlichung des Angebots durch die Globalisierung

5

Beispiellösung

In dem Artikel „Jugendliche im Kaufrausch: jung, hip und markengeil" untersuchen die Verfasser Peter Bloed und Jana Tilz das Kaufverhalten junger Menschen und befassen sich mit den Gründen, warum die Jugendlichen so viel Geld für Markenprodukte ausgeben.

Das Beispiel Vanessas, einer jungen Frau, die vorwiegend Markenprodukte konsumiert, soll verdeutlichen, dass sehr viele junge Menschen durch ihr Kaufverhalten die Aufmerksamkeit der Konsumindustrie erregen. Laut den Verfassern gäben junge Menschen heutzutage hohe Geldsummen für Konsumartikel aus. Der Großteil der Jugendlichen würde sich dabei an Marken orientieren.

Die Autoren fragen nach den Gründen für dieses Verhalten. Sie weisen darauf hin, dass die Jugendlichen mit ihrem Verhalten die Bedeutung des Konsums in unserer Gesellschaft verdeutlichen würden. Außerdem hätten viele junge Menschen den Wunsch, ein bestimmtes Bild von sich selbst abzugeben, und dabei seien Markenprodukte häufig adäquate Hilfsmittel. Äußere Merkmale seien wichtiger als bestimmte Verhaltensweisen. Zum Selbstbild gehöre auch, dass sich die Jugendlichen von ihren Eltern abgrenzen und eigene soziale Netzwerke aufbauen wollten. Ihnen sei es wichtig, immer wieder die eigene Jugendlichkeit zu betonen. Schließlich spiele bei der Selbstdarstellung der soziale Druck eine große Rolle. Die Anforderungen der Gesellschaft an die jungen Menschen seien hoch, und so müssten sich die jungen Leute vielfach bewähren und Entscheidungen treffen, zu denen sie nicht imstande seien. Aus einem Gefühl der Überforderung entstehe dabei der Wunsch, den Druck durch Konsum kurzfristig abzubauen.

Die Verfasser zeichnen nicht nur ein deutliches Bild vom Konsumverhalten Jugendlicher, sondern sie analysieren auch deren Gründe. Die Belege, die sie dabei anführen, sind überzeugend und verdeutlichen, was junge Menschen heutzutage beschäftigt. Wichtig ist ihnen die Selbstdarstellung, was nicht nur an ihrem Konsumverhalten deutlich wird, sondern auch in dem Wunsch fast immer und überall „Selfies" aufzunehmen und zu veröffentlichen. Dabei wird auch die Flüchtigkeit ihrer Handlungen deutlich. Des Weiteren trifft zu, dass der Besitz von Markenprodukten es den Jugendlichen erlaubt, sich von der Erwachsenenwelt zu differenzieren und Anschluss an eigene Interessengruppen zu finden. Hier können sie sich von den Erwartungen der Leistungsgesellschaft lösen.

Hinzu kommt meines Erachtens aber auch noch die Vorbildfunktion der Medien. Viele Jugendliche lassen sich von ihren medialen Vorbildern beeinflussen und ahmen diese in ihrem Verhalten sowie in ihrem Aussehen nach. Durch die weltweite Vereinheitlichung der Angebote im Zuge der Globalisierung ist nunmehr auch der Zugang zu Markenprodukten immer und überall möglich. Hierbei spielt auch der Handel im Internet eine Rolle. Was früher noch unter erschwerten Bedingungen erworben werden musste, gelangt heute per Mausklick ins Haus.

Auch wenn sicherlich nicht alle Jugendlichen diesem Konsumverhalten anhängen, oft auch aus materiellen Gründen, so lässt sich doch sagen, dass die Autoren mit ihrem Artikel eine Entwicklung aufzeigen, die ein Abbild unserer Wohlstandsgesellschaft ist. Zwar gibt es auch unter jungen Menschen Gegenbewegungen zu diesem Konsumrausch – manche Heranwachsende wollen durch den Konsumverzicht ein Zeichen setzen –, doch sind diese Tendenzen auf länger Sicht nur ein Versuch, eine längst weit fortgeschrittene Entwicklung wenigstens kurzfristig für sich selbst aufzuhalten.

Rechtschreibung und Zeichensetzung beherrschen

Rechtschreibung

Seite 65

1

inmitten – zusammenrücken – Rad fahren – getrennt schreiben – schönfärben – schwimmen gehen – hochstapeln – da sein – nach Hause – teilnehmend – bahnbrechend

2

umständehalber – leiderfüllt – auszukommen – rasend gemacht – des Öfteren – mit Hilfe/mithilfe – (schwer verständliche/schwerverständliche) – anheimstellen – zuteilwerden – zeitweise – wohltuend

Seite 66

3

Wortverbindung	Regel	weiteres Beispiel
umständehalber	Adverb	krankheitsbedingt
leiderfüllt	Da der erste Bestandteil des Ausdrucks durch eine Wortgruppe ersetzbar ist (von großem Leid erfüllt), schreibt man zusammen.	freudestrahlend
auskommen	Trennbare Verben werden zusammengeschrieben, wenn Verbzusatz und Verb unmittelbar nebeneinander stehen (Wer ohne Hilfe auskommt, ... / Aber: Er kommt ohne Hilfe aus.), wenn sie im Infinitiv durch „zu" verbunden sind (auszukommen) oder wenn im Partizip Perfekt die Silbe „ge" zwischen Verbzusatz und Verb geschoben wird (ausgekommen).	wiederfinden
rasend machen	Adjektiv/Partizip und Verb werden nur in Ausnahmefällen zusammengeschrieben.	dingfest machen
des Öfteren	nominalisiertes Adverb	des Weiteren
mithilfe/mit Hilfe	Normalerweise werden Präpositionen von Nomen getrennt geschrieben (mit Freude). In manchen festen Wendungen ist das Nomen jedoch verblasst. Dann wird zusammengeschrieben und es entsteht entweder ein Adverb („zuhause") oder eine Präposition („infolge"). Da sich etliche dieser Fügungen in einem Übergangsstadium befinden, sind bei ihnen beide Schreibweisen korrekt („zuhause" oder „zu Hause")	zuhause/zu Hause
anheimstellen	Weil der erste Bestandteil <u>anheim</u> nicht mehr frei vorkommt, schreibt man zusammen.	vorliebnehmen, zuteilwerden
zeitweise	Adverb	paarweise
wohltuend / wohl tuend	Verbindungen aus <u>wohl</u> und adjektivisch gebrauchtem Partizip können getrennt oder zusammengeschrieben werden. („wohl" bei Getrenntschreibung kleinschreiben ≠ → das Wohl)	wohlschmeckend / wohl schmeckend

4

a) Peters Gesicht war ernst, als er Alfred drohte, mit seiner Klage Ernst zu machen. (Regel 3)
b) Anita hat Schuld an dem Unfall gehabt. (Regel 2)
Du wirst schuld sein, wenn wir zu spät kommen.
c) Bei dem Fest fanden sich Jung und Alt zusammen. (Regel 4) Die Zeugin kann nicht angeben, ob der Täter jung oder alt gewesen ist.
d) Zu den Kulturtechniken gehören Lesen und Schreiben. (Regel 1) Es ist wichtig, lesen und schreiben zu können.
e) Paul vertut seine Zeit mit Spielen. (Regel 1)
Wenn wir spielen, vergessen wir gerne die Zeit.
f) Wenn wir im Hotel ankommen, packen wir als Erstes unsere Koffer aus. (Regel 1) Als erstes von drei Kindern hat Paul es nicht immer leicht.
g) Ohne Üben wirst du dich in der Rechtschreibung nicht verbessern. (Regel 1) Er wusste, er würde noch üben müssen.
h) Du meldest dich am besten bei deiner Klassenlehrerin. Sie gehört zu den Besten ihres Jahrgangs. (Regel 5)

Seite 67

5

In der **d**eutschen Sprache gibt es nicht nur viele Wörter aus dem **L**ateinischen, sondern auch eine Reihe von Wörtern aus dem **A**rabischen, beispielsweise „Alkohol" und „Benzin". Es ist aber nicht nötig, beim **S**chreiben dieser Wörter über die Herkunft nachzudenken. Man kann vielmehr ein gewöhnliches Wörterbuch nutzen und darin **n**achschlagen. Meist lassen sich dort Hinweise auf den fremden Ursprung von **b**ekannten Wörtern finden. Andernfalls lässt sich durch das **R**echerchieren in einem sogenannten „etymologischen Wörterbuch" **e**twas über die Geschichte eines Wortes lernen. Hier finden sich **V**ermerke wie „arab.", die auf die historische Herkunft **H**inweise liefern. Ohne diese Abkürzungen zu kennen, kann man so ein Wörterbuch aber auch nicht **s**innvoll nutzen. Hier gilt es also, den **G**ebrauch des Nachschlagewerks zu **ü**ben, denn nur **Ü**bung macht den Meister.

6

Eines **Tages** *(Nomen)* kam er nicht mehr nach Hause, **tags** *(Adverb)* darauf gab die Ehefrau eine Vermisstenanzeige auf.
Gewohnt hatte er – wie sie auch – in der **Danziger Straße** *(geografische Ableitung auf -er)*, sagte sie dem Polizisten.
Sie war zunächst **außerstande** *(Adverb)*, weitere Angaben zu machen.
„Ich weiß nicht, was ich **Ihnen** (*höfliche Anrede*) noch sagen soll, denn **Sie** *(höfliche A.)* wissen jetzt alles", schrieb **sie** *(Personalpronomen)* am nächsten Tag an die Polizei.

Mitgenommen hatte **ihr** *(Personalpronomen)* Mann lediglich **ihren** *(Personalpronomen)* Hund, eine **dänische Dogge** *(adjektivische Ableitung von Eigennamen auf -isch)*, die **von klein auf** *(Kleinschreibung des Adjektivs trotz fester Fügung)* bei ihnen gelebt hatte.
Und das nach all den Jahren, sie waren doch gemeinsam durch **dick und dünn** *(Kleinschreibung des Adjektivs trotz fester Fügung)* gegangen.
Der Hund war **anderntags** *(Adverb)* wieder da, am **Mittag** *(Nomen)* jaulte er vor der Haustür.
Er hingegen blieb **für immer und ewig** *(Kleinschreibung des Adverbs/Adjektivs trotz fester Fügung)* verschwunden.

Zeichensetzung

Seite 68

1

Die 17. Shell-Jugendstudie 2015 stützt sich auf eine repräsentativ zusammengesetzte Stichprobe von 2.558 Jugendlichen im Alter von 12 bis 25 Jahren aus ganz Deutschland und widmet sich erstmals einer Generation, die vollständig im wiedervereinigten Deutschland aufgewachsen ist. HS/NS

Waren Kalter Krieg und Mauerfall noch prägende Elemente beim Aufwachsen vorangegangener Generationen, so kennt die junge Generation diese historischen Ereignisse nur aus Erzählungen. HS/HS

Doch muss auch diese heranwachsende Generation in einer von Krisen gezeichneten Welt ihren Platz finden. HS

Jugendliche stehen den Anforderungen, die Alltag, Beruf und Gesellschaft mit sich bringen, eher pragmatisch gegenüber. HS/NS/HS

Werte wie Freundschaft, Partnerschaft und Familie stehen an erster Stelle, die Jugendlichen legen aber auch großen Wert auf den Respekt vor Gesetz und Ordnung, und viele wollen fleißig und ehrgeizig sein. HS/HS/HS

2

Aus der Shell-Jugendstudie 2015 lassen sich folgende Trends herauslesen:
Jugendliche, die die Schule ohne Schulabschluss verlassen mussten, haben deutlich schlechtere Chancen, einen Ausbildungsplatz zu finden und danach eine geregelte Erwerbstätigkeit aufzunehmen. Doch auch Jugendliche mit Schulabschluss können häufig nicht die ursprünglichen Berufswünsche verwirklichen.

Für die Jugendlichen steht bei der Wahl ihres Berufs ein ausgewogenes Verhältnis von Nutzen und Erfüllung im Vordergrund. Beim Nutzen überwiegen hohes Einkommen und gute Aufstiegsmöglichkeiten, gleichermaßen bewerten sie jedoch genügend Freizeit als wichtig. Für die Mehrheit der Jugendlichen soll der Beruf das Leben nicht ausschließlich bestimmen. Für 91 Prozent ist wichtig, dass Familie und Kinder neben dem Beruf nicht zu kurz kommen. Nur weniger als jeder zweite Jugendliche vertritt die Meinung, dass Überstunden einfach dazu gehören, wenn man Karriere machen möchte. Dabei können sich junge Männer eher mit Überstunden und Wochenendarbeit anfreunden als junge Frauen, denen der Ausgleich mit der Familie wichtiger ist. Im Gegensatz zu den jungen Männern legen jungen Frauen stärker den Fokus darauf, sich um andere zu kümmern und eine erfüllende Tätigkeit zu haben.

Die Familie hat für Jugendliche weiterhin einen hohen Stellenwert. Hier finden sie den notwendigen Rückhalt und die positive emotionale Unterstützung auf dem Weg ins Erwachsenenleben. Mehr als 90 Prozent der Jugendlichen haben ein gutes Verhältnis zu ihren eigenen Eltern. Fast drei Viertel würden ihre eigenen Kinder ungefähr so oder genauso erziehen, wie sie selbst erzogen wurden. Dieser Wert hat seit 2002 stetig zugenommen.

Immer mehr Jugendliche zeigen politisches Interesse. Im Vergleich zu nur 30 Prozent im Jahr 2002 bezeichnen sich 2015 rund 41 Prozent der Jugendlichen als „politisch interessiert". Männliche Jugendliche sind häufiger an Politik interessiert als weibliche. Mit dem politischen Interesse ist die Bereitschaft zur Beteiligung an politischen Aktivitäten verbunden. Die etablierten Parteien profitieren davon jedoch nicht, denn die Politikverdrossenheit bleibt weiter hoch. Jugendliche bringen den Parteien wenig Vertrauen entgegen, genauso wie großen Unternehmen, Kirchen und Banken. Das größte Vertrauen genießen Polizei, Gerichte sowie Menschenrechts- und Umweltschutzgruppen.

Bei den Freizeitaktivitäten hat das Internet in den letzten Jahren deutlich an Bedeutung gewonnen. Geselligkeit, Kontakte knüpfen, sich mit anderen Leuten treffen etc. bleibt das zentrale Motiv. Sportliche Aktivitäten, klassische Mediennutzung (Fernsehen, Musik) und kreative Elemente lassen sich ebenfalls finden. Wichtiger geworden sind auch Unternehmungen mit der Familie.

Die Jugendlichen sind über die Problematik der Datennutzung im Internet informiert und sehen diese auch kritisch. Mehr als vier Fünftel von ihnen glauben, dass große Konzerne wie Google und Facebook mit ihren Nutzern und deren Daten viel Geld verdienen. Obwohl mehr als die Hälfte der Jugendlichen angibt, häufig oder sehr häufig Facebook zu nutzen, fällt das Vertrauen in dieses Unternehmen sehr gering aus.

Seite 69

3

Beim Thema Facebook-Freunde und wahre Freunde seien die Jugendlichen sehr bewusst unterwegs, erklärt der Sozialforscher Ingo Leven und ergänzt: „Bei den wahren Freunden handelt es sich um die, mit denen man im Le-

ben durch dick und dünn geht, denen man alles anvertrauen kann." Davon unterschieden die jungen Leute die losen Bekanntschaften, die man im Leben sammle und mit denen man zum Beispiel auch über Facebook in Kontakt bleibe.
Levens Kollegin Hilde Utzmann geht auf die Bedeutung ein, die Jugendliche der Bildung beimessen. Die Sozialforscherin betont: „Die Jugendlichen wissen genau, dass Bildung der Schlüssel für das Erreichen ihrer Ziele ist." In den vertiefenden Gesprächen hätte ein 18-Jähriger dieses Verständnis von Bildung in der Aussage „Schule ist der Baustein für meine Zukunft." auf den Punkt gebracht. Die Jugendlichen wüssten genau, dass sie diszipliniert arbeiten müssen, um ihre ehrgeizigen Ziele zu erreichen. „Aber da bekommen sie dann Angst vor der eigenen Courage", resümiert Hilde Utzmann eine weitere Feststellung der Forscher. „Die Jugendlichen haben Angst, den inneren Schweinehund nicht überwinden zu können, und das macht ihnen Druck, diese Angst vorm Versagen."

Kenntnisse zur Syntax und Grammatik aktivieren

Seite 71

1
1. Je früher die Jugendlichen die Schule verlassen, desto schlechtere Chancen haben sie, einen Ausbildungsplatz zu finden.
2. Je höher der Stellenwert der Familie für die Jugendlichen ist, desto leichter finden sie den notwendigen Rückhalt für den Weg ins Erwachsenenleben.
3. Je mehr sich Jugendliche für Politik interessieren, desto bereiter sind sie, an Aktivitäten im Dienst der Allgemeinheit teilzunehmen.
4. Je fleißiger Jugendliche arbeiten, desto größer wird ihr beruflicher Erfolg sein.
5. Je öfter Erwachsene Jugendliche für unreif halten, desto häufiger kommt es zu Konflikten.
6. Je positiver die Einstellung der Jugendlichen zur Schule ist, desto besser lernen sie.
7. Je stärker Jugendliche in ihrer Freizeit beansprucht sind, desto leichter kommt das Lernen zu kurz.

2
1. Je besser die Ausbildungsmöglichkeiten sind, umso weniger junge Menschen werden arbeitslos.
2. Je mehr Ganztagsschulen eingeführt werden, desto eher lassen sich die Auswirkungen des Bildungsnotstands verringern.
3. Je konsequenter die Maßnahmen durchgeführt werden, umso/desto besser lassen sich die Kosten kontrollieren.
4. Je schneller gehandelt wird, desto rascher werden sich erste Erfolge einstellen.

3
1. Es ist eine Tatsache, *dass Jugendlichen, wenn sie arbeiten*, wenig Zeit für Freunde bleibt.
2. Die Befürworter führen an, *dass junge Menschen besser auf das spätere Berufsleben vorbereitet sind, wenn sie arbeiten.*
3. Möglich ist auch, *dass sie ausgenutzt werden, wenn ihr Vorgesetzter keine Studenten mag.*
4. Die Heranwachsenden können so ihr Taschengeld aufbessern, *so dass sie selbst auch einen Beitrag leisten können, wenn sie sich etwas kaufen oder den Führerschein machen wollen.*
5. Jugendliche, die in den Ferien arbeiten wollen, müssen darauf achten, *dass das Kleingedruckte keine Überraschungen enthält, wenn sie den Vertrag unterschreiben.*
6. Für manche Jugendliche ist es wichtig, *dass ihnen jemand mit Ratschlägen zur Seite steht, wenn sie arbeiten.*
7. *Wenn sie arbeiten, wollen sie auch beweisen, dass sie fähig sind*, etwas zu leisten.
8. Die Jugendlichen finden, *dass sie wenigstens eine Entschädigung für ihre Fahrtkosten bekommen sollten, wenn sie schon früh morgens aufstehen müssen, um zur Arbeit zu fahren.*

Seite 72

4
- *Einen Kaugummi* im Mund zu haben, wenn man spricht, ist unhöflich.
- *Die unausgesprochenen Konflikte* standen wie eine Wand zwischen ihnen.
- Dieser Richter ist dafür bekannt, dass *niemand ungestraft davonkommt.*
- *Deine unnötigen Anschuldigungen* helfen uns auch nicht weiter.
- Es ist niemandem *damit gedient*, wenn wir seinen Fehltritt an die große Glocke hängen.
- Mit *seinem unüberlegten Vorpreschen* hat er unserer Sache mehr geschadet als genutzt.
- Es ist Aufgabe der Justiz, *keinen Unschuldigen ins* Gefängnis zu bringen.

5
Der Egon-Erwin-Kisch-Preis ist die wohl bedeutendste Auszeichnung, die ein Reporter in Deutschland erhalten kann. Dieser Preis ist nach dem Prager Journalisten Egon Erwin Kisch benannt, der mit seinen Reportagen vor und nach dem Ersten Weltkrieg enorm erfolgreich war.

Die Art und Weise, wie viele Jugendliche heute miteinander kommunizieren, bereitet den Erwachsenen Sorgen, weil sie an alle möglichen Gefahren denken. Außerdem unterscheidet sie sich sehr von den Kommunikationsformen ihrer Eltern. In deren Jugend war das Telefonieren teuer und man rief nicht „einfach so" an, wenn der Freund oder die Freundin gerade mal ein paar Schritte von einem entfernt in einer Ecke des Schulhofes stand.

Von Vertretern der älteren Generation werden Sneakers ganz simpel als Turnschuhe bezeichnet. Sie tragen sie, weil sie bequem sind. Bei Jugendlichen erfreuen sich Sneakers aktuell einer solchen Beliebtheit, dass sie sich überall in Deutschlands Großstädten vor den Fachläden treffen und dort sogar zelten. Sie wollen unbedingt die Ersten sein, die ein Paar ergattern, wenn ein neuer Mode-Schuhe einer angesagten Marke in den Handel kommt, der von einer Ikone wie dem US-Rapper Kanye West für einen bekannten deutschen Sportartikelhersteller designt wurde.

Erst das digitale Zeitalter hat es überhaupt möglich gemacht, immer und überall erreichbar zu sein und rund um die Uhr an jedem Ort der Welt arbeiten zu können. Umso widersprüchlicher ist es, dass jetzt ausgerechnet das Smartphone den Arbeitnehmern dabei helfen soll, die negativen Folgen der ständigen Erreichbarkeit abzumildern: Dazu bietet es ihnen eine Vielzahl von Apps an, mit denen sie ihren Atemrhythmus kontrollieren, den Herzschlag verfolgen, die Gehirnwellen messen oder ihre Schritte zählen können. Diese Programme warnen vor zu viel Stress und signalisieren, wann es Zeit ist, einmal tief durchzuatmen, sich zu beruhigen und durch Meditation mit ruhiger kontrollierter Atmung den Blutdruck zu senken und Verspannungen abzubauen.

Seite 73

6

Hauptsatz / Nebensatz

Goethe [S], dessen Karriere als Minister und enger Vertrauter des Herzogs von Weimar bis dahin sehr erfolgreich verlaufen war, hatte *[P1 Hilfsverb]* sich 1786 unangekündigt für eine mehrjährige Italienreise entschieden *[P2 Vollverb]*.

besser: Goethe *[S]* entschied *[P]* sich 1786 unangekündigt für eine mehrjährige Italienreise, obwohl seine Karriere als Minister und enger Vertrauter des Herzogs von Weimar bis dahin sehr erfolgreich verlaufen war.

Ohne Darwins Thesen, die dieser vor dem Hintergrund einer klerikal bestimmten Naturanschauung und zugleich ohne forschungsgeschichtliche Vorgänger formuliert hatte, ist *[P1 Kopulaverb]* die moderne Evolutionsbiologie *[S]*, die sich dennoch seit der Weltumsegelung der „HMS Beagle" in den 1830er Jahren rasant entwickelt hat, kaum denkbar *[P2 Prädikativum]*.

besser: Die moderne Evolutionsbiologie, die sich seit der Weltumseglung der „HMS Beagle" in den 1830er Jahren rasant entwickelt hat, ist ohne Darwins Thesen kaum denkbar. Diese hatte er vor dem Hintergrund einer klerikal bestimmten Naturanschauung und zugleich ohne forschungsgeschichtliche Vorgänger formuliert.

7

Eine große Anzahl von Eltern, die Zeitungen schrieben von 2.000 Menschen, **besuchte** das Schulfest.

besser: *Eine große Anzahl von Eltern besuchte* das Schulfest, die Zeitungen schrieben von 2.000 Menschen.

Ein Gedicht, ein Drama und ein Roman, alle diese Textsorten finden sich in Goethes Gesamtwerk, das zwischen und 1766 und 1832 entstand, **bilden** eine denkbar große Auswahl unterschiedlicher Textsorten.

besser: *Ein Gedicht, ein Drama und ein Roman bilden* eine denkbar große Auswahl unterschiedlicher Textsorten. Sie alle finden sich in Goethes Gesamtwerk, das zwischen und 1766 und 1832 entstand.

Zwischen Patagonien und Südafrika **ist das Wetter** für das Schiff und seine Besatzung bedrohlich: Die Temperaturen sind eisig, das Meer tobt, Gischt spritzt.

Die Klassengemeinschaft aus 30 Schülern, die meisten kennen sich schon seit der Grundschule, fährt für ein Wochenende nach Sylt.

besser: *Die Klassengemeinschaft aus 30 Schülern fährt* für ein Wochenende nach Sylt. Die meisten kennen sich schon seit der Grundschule.

Die große Menge an parlamentarischer Anfragen **qualifizierte** den Abgeordneten nach dem Regierungswechsel für einen Ministerposten.

Ein gesundes Frühstück und Zeit zum Erholen, dazu gehört auch Sport, **sind** wichtig für Kinder.

besser: *Ein gesundes Frühstück und Zeit zum Erholen sind* wichtig für Kinder. Dazu gehört auch Sport.

8

Die Bank hat heute der Presse **ihre** Werbekampagne vorgestellt, mit **der** sie **ihre** neuen Produkte anpreist.

Claudia hat die Unterlagen für **ihren** Vortrag zuhause liegen lassen und muss **ihn** jetzt ohne Gedächtnisstützen halten, **was** sie sehr ärgert.

Die Schüler, **deren** Bus Verspätung hatte, müssen **ihren** Test nachschreiben.

Die Mitschülerinnen, mit **denen** wir gesprochen haben, haben **sich** über den großen Andrang am Getränkeautomaten beschwert.

Seite 74

9

Kurt Tucholsky ging 1929 ins Exil nach Schweden, *wo er 1935 Selbstmord beging.*

Der Vater nahm seine kleine Tochter auf die Schultern, *damit sie besser sehen konnte.*

Der Tourist hob 200 Euro ab, um das Essen im Restaurant zu bezahlen.

Wir drehen den Wasserhahn zu, *damit er mit (dem) Tropfen aufhört.*

Der Politiker ergreift das Mikrofon, um eine Rede zu halten.

Der Motorradfahrer überholte den Wagen mit hoher Geschwindigkeit *und kam dabei von der Fahrbahn ab.*

10

- Ich würde das Buch empfehlen, weil ich die Geschichte sehr interessant finde.

- Insgesamt ist es ein gutes Buch über Freundschaft und darüber, welche Probleme man im Leben manchmal bewältigen muss.
- Er war im falschen Moment am falschen Ort.
- Wir müssen zum Direktor gehen, um die Erlaubnis für unsere Klassenfahrt einzuholen.
- Ich bin sehr von dir enttäuscht, weil Hannah es nicht verdient hat, dass du so über sie herziehst.
- Ich hoffe, dass ich, wenn ich jetzt losfahre, es noch schaffe, rechtzeitig zum Abendessen zuhause zu sein.
- Nicht gefallen hat mir am Buch, dass man so wenig über Jo und ihre Freundschaft zu Luca erfährt. / Was mir am Buch nicht gefallen hat, ist, dass man so wenig über Jo und ihre Freundschaft zu Luca erfährt.
- Den Schluss des Buches habe ich nicht besonders gemocht, weil es ein Happy End gegeben hat, was nicht sehr originell war. / Den Schluss des Buches habe ich nicht besonders gemocht, weil es nicht sehr originell war, dass es ein Happy End gegeben hat.
- Aus Peters Sicht versteht man auch, dass man, wenn man zwei gute Freunde hat, auch Dinge für sich behalten muss, die einer von beiden einem anvertraut.
- Immer, wenn ich das gelesen habe, hat der Ich-Erzähler mir leidgetan.
- Nicht so gut gefällt mir, dass ein Teil der Geschichte sich in einer Märchenwelt abspielt. / Was mir nicht so gut gefällt, ist die Tatsache/der Umstand, dass ein Teil der Geschichte sich in einer Märchenwelt abspielt.
- Schließlich kann man festhalten, dass der Autor eine spannende Geschichte erzählt hat.

Seite 75

1

Nebensatz

Text 1: Die ganze Anlage, die *(Relativpronomen)* ein prächtiges oberes Schloss, einen hügelabwärts der Stadt sich zuneigenden weiträumigen Garten und nebst mancherlei Nebengebäuden noch ein unteres, eingeschossiges Schloss umfasst (NS1), das *(Relativpronomen)* den Garten abschließt (NS2), hat der Feldherr Prinz Eugen zu Anfang des achtzehnten Jahrhunderts errichten lassen. Weil *(Konjunktion)* sich vom oberen Schloss ein grandioser Blick auf die Stadt bietet, wurde der Komplex schließlich Belvedere genannt. Das obere, später fertig gestellte Schloss, ein Hauptwerk des Architekten J. Lukas von Hildebrandt, gedachte Prinz Eugen der fürstlichen Repräsentation zu, für Feste, Einladungen und derlei Angelegenheiten, die *(Relativpronomen)* einem der reichsten Männer, klügsten Geister und skrupellosesten Feldherren Europas zu Gebote standen, das untere Schloss war als Sommerresidenz angelegt.
Wirkung: detailliert, korrekt; auch: distanziert

Text 2: An einer schmalen Stelle haben wir einen Steinwall durch das Wasser gezogen. Eine Stunde oder länger haben wir dafür gebraucht. Wir haben schwere Brocken geschleppt, jeder allein, aber auch zu zweit. Das ist noch gar nichts. Steine sind dem Wasser egal, es springt einfach drüber oder quetscht sich durch, was *(Relativpronomen)* immer schneller geht.
Wirkung: unmittelbar, monoton

Text 3: Dann war wiederum Schweigen. Der Waldstein hüllte sich fester in seinen Mantel. Der Regen schlug mit großer Heftigkeit an das Dach der Kutsche, und *(koordinierende Konjunktion)* unter den Rädern und den Pferdehufen sprang das Wasser aus den Pfützen in Kaskaden hoch.
Wirkung: spannend, unmittelbar, beklemmend

Text 4: Plötzlich wachte sie auf. Es war halb drei. Sie überlegte, warum *(Interrogativpronomen, relativisch gebraucht)* sie aufgewacht war. Ach so! In der Küche hatte jemand gegen einen Stuhl gestoßen. Sie horchte nach der Küche. Es war still. Es war zu still und (Konjunktion) als *(Konjunktion)* sie mit der Hand über das Bett neben sich fuhr, fand sie es leer. Das war es, was *(Relativpronomen)* es so besonders still gemacht hatte: Sein Atem fehlte. Sie stand auf und tappte durch die dunkle Wohnung zur Küche. In der Küche trafen sie sich. Die Uhr war halb drei. Sie sah etwas Weißes am Küchenschrank stehen. Sie machte Licht. Sie standen sich im Hemd gegenüber.
Wirkung: unmittelbar, beklemmend; auch: spannend

Den Stil von Texten verbessern

Seite 77

1

Fremdwort (Adjektiv oder Verb)	Definition	Fremdwort (Substantiv/Nomen)
antagonistisch (A)	gegensätzlich	der Antagonismus
deskriptiv (A)	beschreibend	die Deskription (eher selten)
divergieren (V)	auseinandergehen, abweichen	die Divergenz
empathisch (A)	einfühlsam, anteilnehmend	die Empathie
emphatisch (A)	begeistert	die Emphase
exemplarisch (A)	beispielhaft	das Exemplar (Abbild, Muster), Exemplifizierung (Verdeutlichung anhand eines Beispiels)
explizit (A)	ausdrücklich	die Explikation (Erklärung, Verdeutlichung – selten!)
imaginieren (V)	(sich) vorstellen, ausdenken	die Imagination
metaphorisch (A)	ein sprachliches Bild betreffend, übertragen, bildlich	die Metapher
mystisch (A)	geheimnisvoll, dunkel, zur Mystik (besondere Form der Religiosität) gehörend	die Mystik
mythisch (A)	sagenhaft, legendenhaft	der Mythos, die Mythologie (Lehre/System vom M.)

Fremdwort (Adjektiv oder Verb)	Definition	Fremdwort (Substantiv/Nomen)
normativ (A)	maßgebend, als Norm/ Vorgabe dienend	die Norm, die Normativität
postulieren (V)	feststellen, zur Bedingung machen	das Postulat
stimulieren (V)	anregen, ermuntern	der Stimulus
visionär (A)	prophetisch, vorausschauend	die Vision, der Visionär

2

real	wirklich
reell	solide, tatsächlich vorhanden
ideal	perfekt, einem Ideal entsprechend, nur in der Vorstellung existierend
ideell	weniger den materiellen Wert von etwas betonend, sondern die Tatsache, dass es für jemanden eine bestimmte persönliche Bedeutung hat
physisch	körperlich
psychisch	seelisch
idealistisch	nach der Verwirklichung von Idealen strebend
ideologisch	den Verhaltensnormen, Einstellungen und Wertungen einer bestimmten gesellschaftlichen Interessengruppe oder einer gesellschaftspolitischen Orientierung entsprechend
die Apathie	die Teilnahmslosigkeit
die Antipathie	die Abneigung, der Widerwille
die Empathie	das Mitgefühl
die Sympathie	das Wohlwollen, die Zuneigung
konventionell	herkömmlich, förmlich (milit.: alle Waffen, die nicht zu den chemischen, biologischen und Kernwaffen zählen)
die Konventionalstrafe	bei Vertragsabschluss festgelegte Geldsumme, die ein Vertragspartner zahlen muss, wenn er die im Vertrag festgeschriebene Leistung nicht termingerecht erbringt
quantitativ	die Menge betreffend
qualitativ	die gute oder typische Beschaffenheit betreffend
rational	von der Vernunft gesteuert
rationell	mit einem guten Verhältnis zwischen investiertem Einsatz (investierter Arbeit) und erzieltem Ergebnis
ökologisch	umweltfreundlich
ökonomisch	auf die Wirtschaft bezogen, wirtschaftlich, sparsam und wirkungsvoll
systematisch	gezielt, sorgfältig, einem bestimmten Plan/ System folgend
systemisch	gesellschaftliche Gegebenheiten im Systemzusammenhang betrachtend
konträr	entgegengesetzt, gegenteilig, gegensätzlich
kontradiktorisch	widersprüchlich, logisch falsch
ethisch	den sittlichen Normen entsprechend
ethnisch	eine bestimmte Volksgruppe betreffend

Seite 78

3

die Annektierung = die gewaltsame Inbesitznahme, der gewaltsame Anschluss

Der gewaltsame Anschluss der Krim hat das Verhältnis zwischen Russland und der Ukraine nachhaltig vergiftet.

arrogant = so überheblich, dass man andere damit verletzt

Mit seinem überheblichen Auftreten hat er einiges an Sympathien verscherzt.

die Differenzen (Plural) = die Meinungsverschiedenheit(en)

Wegen der Flüchtlingspolitik gibt es erhebliche *Meinungsverschiedenheiten* zwischen den Mitgliedstaaten der Europäischen Union.

fingieren = vortäuschen

Der Überfall auf die Tankstelle war nur *vorgetäuscht.*

potenziell = möglich

Der Regierungssprecher schließt den 17. Oktober als *mögliches* Datum für Neuwahlen nicht aus.

die Individualität = die Gesamtheit aller Merkmale, die den einzelnen Menschen von anderen unterscheidet

Jugendliche legen großen Wert *auf persönliche Abgrenzung von anderen.*

die Universalität = die Allgemeingültigkeit

Der UN-Generalsekretär verweist auf die *Allgemeingültigkeit* der Menschenrechte.

die Diffamierung = die Verleumdung

Manchmal ist die Grenze zwischen Meinungsfreiheit und *Verleumdung* fließend.

die Reproduktion = die Nachbildung

Bei diesen Vasen handelt es sich um billige *Nachbildungen.*

explizit = ausdrücklich, deutlich

Es war der *ausdrückliche* Wunsch des Staatspräsidenten, die Gedenkstätte zu besuchen.

Seite 79

4

duerno (dono), derno → 1. nachher, 2. später, 3. danach, anschließend, 4. dann

Fir d'éischt gi mer akafen, **duerno** gi mer an d'Schwëmm.	Zuerst gehen wir einkaufen, **danach/anschließend** gehen wir ins Schwimmbad.
Obwuel hien alles gesinn hat, huet hien **duerno** gesot, hien hätt neischt matkritt.	Obwohl er alles gesehen hat, hat er **später** gesagt, er habe nichts mitbekommen.
Et gesäit ganz **derno** aus, wéi wann hie gefuddelt hätt.	Es sieht ganz **danach** aus, als habe er geschummelt.
Ech ruffen dech **derno** un.	Ich rufe dich **später/nachher** an.
Et ass mer net **derno**, an de Kino ze goen.	Mir ist nicht **danach**, ins Kino zu gehen. (Ugs.: Mir ist nicht **nach** Kino.)

dofir → 1. dafür, 2. deshalb, darum, 3. deswegen

Du huest zwar mäi Buch vergiess, mee ech sinn der **dofir** net béis.	Du hast zwar mein Buch vergessen, aber ich bin dir **deswegen** nicht böse.
Eisen Délégué de classe huet sech **dofir** agesat, datt mer haut kënnen éischter goen.	Unser Klassensprecher hat sich **dafür** eingesetzt, dass wir heute früher gehen können.
Mir musse nach akafe fueren, **dofir** musst de pünktlech heiheem sinn.	Wir müssen noch zum Einkaufen fahren, **deshalb/deswegen** musst du pünktlich zuhause sein.
Du kannst esou vill tuten, wéi 's de wëllst, **dofir** geet et net méi séier.	Du kannst solange hupen, wie du möchtest, **darum/deswegen** wird es nicht schneller gehen.
Ech sinn **dofir**, datt mir zesummen bei den Direkter ginn.	Ich bin **dafür**, dass wir zusammen zum Direktor gehen.

genuch → 1. genug, 2. ausreichend

Ech sinn net **genuch** informéiert.	Ich bin nicht **ausreichend** informiert.
Et ass nach **genuch** Waasser do.	Es ist noch **genug (genügend)/ausreichend** Wasser da.
Ech hunn es **genuch** mat deem Gestreits.	Ich habe **genug** von der ganzen Streiterei.
Et ass **genuch** fir jiddereen do.	Es ist **genug** für alle da.

vill méi → 1. viel mehr, 2. weitaus + Adjektiv im Komparativ, 3. weit mehr, 4. Adjektiv im Komparativ, 5. viel/weit + Adjektiv im Komparativ

Mir hu **vill méi** Zäit gebraucht, wéi geduecht.	Wir haben **weit mehr** Zeit gebraucht als gedacht.
De Ball ass **vill méi** wäit geflunn, wéi e sollt.	Der Ball ist **(viel) weiter** geflogen, als er sollte.
Vill méi gëtt et dozou net ze soen.	**Viel mehr** ist dazu nicht zu sagen.
Et gëtt **vill méi** Gäscht wéi Still.	Es gibt **weit mehr** Gäste als Stühle.
Pizza ass **vill méi** beléiwt wéi Geméis.	Pizza ist **weit beliebter** als Gemüse.
Hien huet **vill méi** Problemer, wéi hien zougëtt.	Er hat **weit mehr** Probleme, als er (sich) eingesteht.

Seite 80–83

5

die Erfahrung ≠ die Erfahrungen	**Die Erfahrung** lehrt uns, dass nicht alles sinnlos ist, was wir in der Schule lernen. Er hat **viel Erfahrung** in seinem Beruf. Er hat keine **guten Erfahrungen** in der Fremde gemacht. Mit **seiner Erfahrung** kann er uns sicher helfen. Der Großvater erzählt von **seinen Erfahrungen** im Krieg. Die Eltern wollen ihre Kinder vor **schlechten Erfahrungen** bewahren. Wir wissen aus **Erfahrung**, dass regelmäßiges Üben zum Erfolg führt.
die Jugend ≠ die Jugendlichen (≠ die Kinder)	In seiner **Jugend** hat er viel Zeit auf dem Fußballplatz verbracht. Die **Jugendlichen** von heute **haben** viel mehr Möglichkeiten, sich über das aktuelle Geschehen in der Welt zu informieren als alle Generationen davor. Die **Jugendlichen haben** heute fast alle ein Handy oder Smartphone. Erwachsene haben nicht immer ein offenes Ohr für die Belange der **Jugend/Jugendlichen.** Die Studie befasst sich mit den Lieblingsgerichten der **Jugendlichen**. Zu allen Zeiten hat man gern auf „die **Jugend** von heute" geschimpft.
der Nutzen ≠ die Nutzung ≠ die Nützlichkeit ≠ das Benutzen ≠ die Benutzung	Über **die Nützlichkeit** selbstfahrender Autos kann man streiten. Die Frage nach **dem Nutzen** solcher modernen Gadgets ist erlaubt. **Das Benutzen/Die Benutzung** von Desinfektionsmitteln wird empfohlen. **Welchen Nutzen** willst du aus den gewonnenen Erkenntnissen ziehen? **Die Nutzung** öffentlicher Verkehrsmittel wird von staatlicher Seite gefördert.
der Gegensatz ≠ das Gegenteil	Er ist **das** genaue **Gegenteil** seines Bruders. Im **Gegensatz** zu seinem Bruder ist er freundlich und zuvorkommend. Mit deinem Einschreiten hast du **das Gegenteil** dessen bewirkt, was du erreichen wolltest. Ich werde mich nicht aufregen, im **Gegenteil**, ich werde ganz ruhig bleiben. **Der Gegensatz** zwischen den beiden könnte nicht größer sein. **Dieser Gegensatz** lässt sich nur schwer auflösen. **Das Gegenteil** ist der Fall.
die Anspannung ≠ die Anspannungen ≠ die Spannung ≠ die Spannungen	Zwischen den beiden Konfliktparteien gibt es schon lange **Spannungen**. Nach **den Anspannungen** der letzten Wochen freue ich mich auf den Urlaub. Nachdem der Brand unter Kontrolle war, ließ **die Anspannung** beim Einsatzleiter nach. **Die Spannung** war schon nach zehn Minuten aus dem Krimi raus.
die Befürchtung ≠ die Befürchtungen ≠ die Furcht ≠ Furcht vor	Aus **Furcht vor** terroristischen Anschlägen hat Brüssel das Silvesterfeuerwerk abgesagt. **Die Befürchtungen** der Behörden haben sich nicht bestätigt. Die Anschläge von Paris haben **Furcht** und Schrecken in der französischen Hauptstadt ausgelöst. Viele hegen **die Befürchtung**, dass dies nicht die letzten terroristischen Akte waren.
repräsentieren ≠ (sich) präsentieren	Der Botschafter **repräsentiert** sein Land beim Neujahrsempfang des Bundespräsidenten. Der Winter **präsentiert sich** von seiner schönsten Seite. Wir möchten Ihnen unser neuestes Produkt **präsentieren**. Die Protestpartei **repräsentiert** gerade mal 3 Prozent der Wählerschaft. Die Lösung seiner Probleme wurde ihm auf dem Silbertablett **präsentiert**.
weisen ≠ aufweisen ≠ beweisen ≠ hinweisen ≠ nachweisen ≠ verweisen	Die sogenannten K.O.-Tropfen lassen sich nur kurze Zeit im Blut **nachweisen**. Wie willst du diese ungeheuerliche Behauptung **beweisen**? Alles scheint auf menschliches Versagen **hinzuweisen**. Der Direktor **verweist** Peter wegen eines tätlichen Angriffs auf einen Mitschüler von der Schule. Das Wasser des Bachs **weist** eine hohe Konzentration an Giftstoffen **auf**. Der Zeuge **weist** mit dem Finger auf den Angeklagten. Der Polizeisprecher **verweist** den Journalisten auf die für 15 Uhr anberaumte Pressekonferenz.
verschieden ≠ unterschiedlich ≠ verschiedentlich	Auch wenn wir manchmal **unterschiedlicher** Meinung sind, sind wir im Grunde doch nicht so **verschieden**. Es ist **verschiedentlich** schon zu Zwischenfällen mit randalierenden Fußballfans gekommen. Die **verschiedenen** Redner vertraten sehr **unterschiedliche** Positionen zum Thema Mindestlohn.

strittig ≠ umstritten ≠ unstrittig ≠ streitig ≠ streitbar ≠ unbestritten unbestreitbar	Er ist der **unbestrittene** König der Formel 1. Mit seinen **umstrittenen** Äußerungen zur Asylpolitik hat sich der Parteivorsitzende den Unmut der Basis zugezogen. Du wirst mir doch wohl nicht meinen Platz im Team **streitig** machen wollen? Es ist **unstrittig**, dass eine Lösung in der Flüchtlingsfrage gefunden werden muss. Der verstorbene Politiker war zeitlebens ein **streitbarer** Geist. Dass du Recht hast, ist **unbestreitbar/unstrittig**, die Fakten sprechen für sich. Es ist **strittig**, ob wir den Termin für die Abgabe der Bewerbung einhalten können.
Einwohner ≠ Bewohner ≠ Anwohner	Die **Bewohner** mussten aus dem brennenden Haus evakuiert werden. Die **Anwohner** haben sich bei der Gemeinde über das hohe Verkehrsaufkommen in ihrer Straße beschwert. Deutschland zählt über 80 Millionen **Einwohner**. Der Einbrecher war vom **Bewohner** des Hauses überrascht worden. **Anwohner** hatten den Brand in dem leerstehenden Gebäude bemerkt. Nicht alle **Einwohner** eines Landes sind auch Einheimische.
lassen ≠ hinterlassen ≠ zurücklassen ≠ verlassen ≠ ablassen ≠ zulassen ≠ belassen ≠ loslassen	Auf ihrer Flucht musste die Familie ihr letztes Hab und Gut **zurücklassen**. Mein Großvater hat mir sein Haus **hinterlassen**. Das Auto ist auf meinen Vater **zugelassen**. Er will nicht von seinem verrückten Plan **ablassen**. Kannst du den Unsinn nicht einfach **lassen**? Die Gedanken an die verlorene Heimat wollen ihn einfach nicht **loslassen**. Das schreckliche Erlebnis hat tiefe Spuren bei ihm **hinterlassen**. Inmitten der vielen Menschen fühlt sich Maja völlig **verlassen**. Der Süchtige kann nicht von den Drogen **lassen**. Kann ich mich darauf **verlassen**, dass du diesen Auftrag ausführst? Wir werden alle Sorgen **zurücklassen** und in der Schweiz neu anfangen. Ich werde nicht **zulassen**, dass du offenen Auges in dein Unglück rennst. Diesmal werde ich es noch bei einer Ermahnung **belassen**.
sorgen ≠ sich sorgen ≠ besorgen ≠ umsorgen ≠ versorgen ≠ besorgt sein	Das Rote Kreuz **versorgt** die Flutopfer mit Decken und Nahrungsmitteln. Ich muss noch Milch **besorgen**. Würdet ihr hier bitte für Ordnung **sorgen**! Die Großmutter **umsorgt** ihren kranken Enkel. Du solltest um deinen guten Ruf **besorgt** sein. Die Eltern **sorgen** sich um die Zukunft ihrer Tochter. Wir sind mit Essen und Trinken gut **versorgt**. Die Verschlechterung seines Gesundheitszustandes **besorgt** die Ärzte.
weiter ≠ weiterhin ≠ des Weiteren	Ich hoffe, dass wir auch **weiterhin/weiter** gute Freunde bleiben. **Des Weiteren** möchte ich betonen, dass wir unser Vorgehen eng aufeinander abstimmen werden. Es ist nicht **weiter** verwunderlich, dass du so außer Atem bist, so wenig Sport, wie du treibst. Die Ferienfreizeit für Kinder wird **weiter/weiterhin** angeboten. Die Gemeinde plant **des Weiteren** den Bau eines Jugendhauses.

Seite 83

6

1. Die FIFA hat *die Konsequenzen* aus dem Korruptionsskandal um die gekauften Fußballweltmeisterschaften **gezogen**.
2. Die Polizei **hegt** *den Verdacht*, dass die abgelegene Villa ein Umschlagplatz für Drogen ist.
3. Das Gericht ist *zu der Ansicht* **gelangt**, dass der Angeklagte sich der fahrlässigen Tötung schuldig gemacht hat.
4. Der Anwalt **legt** *Widerspruch* gegen die Verurteilung seines Mandanten **ein**.
5. Die Gemeinde hat weitreichende *Maßnahmen* zum Schutz der Quellen auf ihrem Territorium **ergriffen**.
6. Seine Loyalität wird von niemandem *in Zweifel* **gezogen**.
7. Wir haben *eine* erste *Anzahlung* auf unser neues Haus **geleistet**.
8. Mein Vater hat *Gefallen* an seinem Rentnerdasein **gefunden**.
9. Unser Deutschlehrer hat heute den bevorstehenden Theaterbesuch *zur Sprache* **gebracht**.
10. Die Schmugglerbande *ist in die Falle* der Fahnder **getappt** (≠ den Fahndern *in die Falle gegangen*).
11. Sein Handeln **steht** *im Widerspruch* zu seinen Äußerungen.
12. Die Konzernleitung hat *Abstand von* den geplanten Entlassungen **genommen**.
13. Die Demonstranten **erheben** schwere *Vorwürfe* gegen die Einsatzkräfte.
14. Für deine ewige Nörgelei kann ich kein *Verständnis* **aufbringen**.
15. Ich bitte dich, mehr *Rücksicht* auf die Gefühle deiner Mitmenschen zu **nehmen**.
16. Nach Bekanntwerden des Skandals hat die Unternehmensleitung *die Flucht nach vorn* **angetreten** und zwei führende Manager entlassen.
17. Die Landung eines kleinen Sportflugzeugs mitten auf der Autobahn hat jede Menge *Aufsehen* **erregt**.
18. Wir haben dem Ratschlag der Parkhüter *Folge* **geleistet** und uns vor dem nahenden Gewitter in Sicherheit gebracht.
19. Hast du einen Wechsel des Arbeitsplatzes schon mal in *Erwägung* **gezogen**?
20. Das Hotel hat uns die zu Bruch gegangene Vase in *Rechnung* **gestellt**.
21. Als die Nachricht von der Veruntreuung bekannt wurde, musste der Bankangestellte *seinen Hut* **nehmen**.
22. Ein Aufweichen der Regeln **steht** nicht *zur Debatte*.
23. Unser Klassenlehrer **stellt** das Ziel unserer Klassenfahrt zur *Diskussion*.
24. Bei den Ausscheidungen zur Matheolympiade hat Paul sein Können *unter Beweis* **gestellt**.
25. Das Theaterstück, an dem wir seit Monaten proben, wird am kommenden Wochenende *zur Aufführung* **gelangen (kommen)**.

Seite 85

7

- finale Konjunktionen/Adverbien: um ... zu, damit, für, dass, auf dass ...
- modale (die Art und Weise ausdrückende) Konjunktionen/Adverbien: ...
- konditionale (eine Bedingung ausdrückende) Konjunktionen/Adverbien: wenn, falls, im Falle, dass; sofern, soweit ...
- konsekutive Konjunktionen/Adverbien: sodass, als dass, dass ...
- adversative (einen Gegensatz ausdrückende) Konjunktionen/Adverbien: ...
- kausale Konjunktionen/Adverbien: weil, zumal da; zumal, nun ...

8

- Eine Argumentation eröffnen, Grundlagen definieren und ein Thema umreißen: **ausgehend von,** zu Beginn, als Erstes, auf der Grundlage von, vor dem Hintergrund von, dem Ansatz von XYZ folgend ...
- Argumentationselemente auflisten: **und,** außerdem, daneben, zudem, nicht nur [...] sondern auch, weiterhin, zusätzlich, ebenfalls, auch, darüberhinaus ...
- Argumentationselemente einschränken oder Gegensätze entwickeln: allerdings, jedoch, dagegen, andererseits, dennoch, aber, im Gegensatz dazu, anders die Position/Haltung von XYZ, in Kontrast dazu, dem widerspricht jedoch XYZ ...
- Argumentationselemente betonen oder herausheben: **besonders,** vor allem, gerade, dabei sticht XYZ heraus ...
- Fazit ziehen und ein Ergebnis präsentieren: **insgesamt,** abschließend kann man sagen, in der Summe, als Fazit lässt sich festhalten, dass [...]; als Fazit lässt sich Folgendes festhalten, daraus ergibt sich (insgesamt), in der Gesamtschau der Argumente (Fakten, Meinungen ...) ergibt sich folgendes Bild ...

Seite 86

9

- **Verbesserungsvorschlag:** Über das Schreiben nachzudenken hat große Bedeutung für die Hauptfigur und ist Inhalt des Romans.
  Oder: Das Schreiben hat große Bedeutung für die Hauptfigur in diesem Roman. Der Protagonist denkt stets über das Schreiben nach.
- **Verbesserungsvorschlag:** Ein Auto mit einem Motor von niedriger Qualität wird alsbald in der Werkstatt enden. **Oder:** Wenn die Qualität des Motors nicht ausreicht, wird das Auto alsbald in der Werkstatt enden.
- **Verbesserungsvorschlag:** Polizeibeamte müssen sich auch in Psychologie, Sozialpädagogik und Gesprächsführung qualifizieren, denn sie sind heute in vielen Situationen eher Sozialarbeiter.
- **Verbesserungsvorschlag:** Aişe ist jetzt sauer, weil sie Sandra ein Handy gegeben hat. **Oder:** Sandra ist jetzt sauer, weil sie von Aişe ein Handy bekommen hat.

10

Die Umweltschützer prangern an, dass durch touristische Infrastrukturen wie Unterkünfte, Sportanlagen und Straßen der Boden zersiedelt und dadurch Erosion verursacht wird.
Sie beklagen, dass die Einheimischen durch Verkehrslärm belästigt werden und Öl, Blei-, Ruß- und Dieselpartikel den Boden und die Luft vergiften.
Sie verweisen darauf, dass Sportanlagen wie Golfplätze übermäßig Wasser verbrauchen und die Gewässer durch Müll und ungeklärte Abwässer verschmutz werden.
Sie kritisieren, dass kulturelle Güter durch unachtsame Touristen und den Vandalismus profitgieriger Antiquitätenräuber zerstört werden.
Sie fordern die Regionalregierung zu konsequentem Handeln auf und drohen massive Proteste und Blockaden des Flughafens der Ferieninsel an.

11

Viele Studenten hoffen *auf den Erhalt eines Stipendiums* und werden dann enttäuscht.
Aufgrund/Infolge/Wegen des drastischen Mietanstiegs in beliebten Universitätsstädten wird es immer schwieriger, eine günstige Wohnung zu finden.
Viele Universitäten beklagen *die ständig wachsenden Studentenzahlen und die fehlenden Plätze für Studienanfänger im Studienfach ihrer Wahl.*
Trotz der Schaffung ständig neuer Studiengänge und Fächerkombinationen wissen viele Abiturienten nicht, was sie studieren sollen.
Seit Gründung der Universität Luxemburg sind weniger Primaner bereit im Ausland zu studieren.

Seite 87

1

Das Aufkommen des Internets steht in seiner Bedeutung für den ~~sozialen und~~ gesellschaftlichen Wandel auf einer Ebene mit der Erfindung des Buchdrucks und der ~~so wichtigen~~ Entdeckung Amerikas. Die Internettechnologie gilt als Schlüsselfaktor gegenwärtiger ~~gesellschaftlicher und ökonomischer~~ Veränderungen in Gesellschaft und Wirtschaft; wir sprechen in diesem Zusammenhang ~~und Kontext~~ auch von der Informationsgesellschaft oder der E-Society. Entscheidend neben dem Zugang zu den Informationen ist ~~für einen~~ vor allem die Fähigkeit ~~und Kompetenz~~, sich diese nutzbar zu machen. // Begründer des World Wide Web (WWW), des heute wichtigsten Dienstes des Internets, ist der britische Informatiker ~~und Wissenschaftler~~ Tim Berners-Lee, der 1989 am Cern, dem ~~total beliebten~~ europäischen Kernforschungslabor in Genf, ~~direkt am Genfersee gelegen~~, eine Lösung für einen einheitlichen Informationsaustausch im Internet entwickelte. Berners-Lees Ziel war es, ein System zu schaffen, in dem Wissenschaftler ihre Forschungsergebnisse auf einfache Art und Weise weltweit miteinander austauschen können. Dies war zunächst nur in Textform möglich. // ~~Umwerfend r~~**R**iesige Popularität und ~~umwerfend~~ enormes Wachstum bescherte dem Internet die Veröffentlichung des ersten grafischen Browsers 1993 durch Marc Andreessen. Tim Berners-Lee ließ seine Ideen und technischen Umsetzungen ~~gar nicht und~~ niemals patentieren, sondern stellte die Nutzung des WWW der Allgemeinheit zur Verfügung. // ~~In~~ **Im Laufe des Jahres** 1994 begannen die ersten Unternehmen und Firmen, eigene Websites im Internet einzurichten, und aufgrund der rapiden Computerisierung wurden immer mehr private Haushalte an das Internet angebunden. In den folgenden Jahren vollzog sich die Verbreitung des WWW in einer atemberaubenden Geschwindigkeit. // Das Web 2.0 wird auch als „Mitmach-Internet“ bezeichnet und umfasst alle ~~Aktivierungen~~ **Aktivitäten** und technischen Anwendungen, die es den Benutzern ermöglichen, eigenständig Inhalte in Form von Profilen, Bookmarks, Fotos, Videos, Kommentaren ~~und so weiter~~ **usw.** ~~im Internet zu veröffentlichen und~~ anderen Nutzern zugänglich zu machen ~~sowie mit anderen Nutzern~~ **und mit ihnen** zu kommunizieren ~~und auszutauschen~~. Der Nutzer ist nicht mehr länger Konsument, sondern wird selbst zum ~~Produzierer~~ **Produzenten**, indem er Inhalte ~~bereitfügtstellt~~ **bereitstellt**~~. Er kann auf einfache Weise Filme, Fotos, Videos und Tagebucheinträge veröffentlichen oder bereits veröffentlichte Inhalte kollationieren~~ **und kommentiert.**

so geht's

1 **Das Thema erfassen**

→ **Verschaffe dir Sachinformationen** zum Thema. **Werte** Zeitungen, Zeitschriften, Sachbücher, das Internet oder andere seriöse Informationsquellen **aus** oder **befrage** Experten bzw. Betroffene.

2 **Die Stoffsammlung ordnen und gliedern**

→ **Bring** nach der **Stoffsammlung** die gefundenen Punkte **in** eine sinnvolle und **übersichtliche Ordnung**. Unterstreiche oder nummeriere Zusammengehöriges mit der gleichen Farbe oder verwende grafische Zeichen wie Pfeile oder Kreise, um eine logische Ordnung zu schaffen.

→ **Erstelle** die **Gliederung** nach **Wichtigkeit** der Argumente. **Achte** darauf, dass die **Begriffe** der formalen Vorgaben (z. B. Einleitung, Hauptteil, erster Aspekt usw.) **nicht in der eigentlichen Gliederung** erscheinen. **Formuliere** alle Gliederungspunkte **einheitlich**, d. h. in der Regel nominal.

3 **Die Erörterung schreiben und überprüfen**

→ **Verfasse** eine **Einleitung** (Erläuterung des Themas, Bezugnahme auf eigene Erfahrung, aktuelle Statistik, Zitat oder Sprichwort, kurzer historischer Rückblick), die **Aufmerksamkeit** weckt und **zum Lesen** animiert.

→ **Formuliere** am Ende der Einleitung das **Thema in Frageform**.

→ **Beginne** deinen **Hauptteil** mit der Formulierung der **These**.

→ **Führe** deine Argumente **aus** und beziehe dich dabei auf **überprüfbare Beweise, Aussagen von Autoritäten, allgemeingültige Normen, mögliche Folgen** oder **logische Schlüssigkeit**. Führe **Belege/treffende Beispiele** an.

→ **Verknüpfe** die einzelnen Argumente und Abschnitte **durch Überleitungen** miteinander. Die Argumentation erscheint dadurch flüssiger und überzeugender.

→ **Verfasse** einen **Schluss**, der das Thema zusammenfasst und abrundet. **Beziehe** dabei deutlich **Stellung** zu der in der Einleitung aufgeworfenen Themenfrage. Gib einen **Ausblick** in die Zukunft.

→ **Überarbeite** deine Erörterung mithilfe der **Checkliste** auf Seite 58.

TIPPS UND QUERVERWEISE

Rechtschreibung (☞ S. 64 ff.) Zeichensetzung bei Satzgefügen (☞ S. 68 f.), Satzbau (☞ S. 70 ff.), Stil (☞ S. 76 ff.)

ACHTUNG: FEHLERQUELLEN!

Die Überarbeitung der Erörterung ist von großer Bedeutung. Nur wenige Fehler können am Ende noch korrigiert werden (etwa Rechtschreibung oder Zeichensetzung), andere müssen bereits während der verschiedenen Arbeitsphasen vermieden werden. Dabei hilft die Checkliste. (☞ S. 58)

Beachte, dass weder in der Einleitung noch in der Schlussfolgerung Argumente vorgebracht werden dürfen.

Vermeide bei der Formulierung der Beispiele die Häufung von einleitenden Floskeln wie z. B., beispielsweise, ein Beispiel ist ...).

6.1 Eigene Argumentationen entwickeln

1 Lies die beiden folgenden Texte und arbeite die Argumente und Belege/Beispiele heraus. Lege dazu in deinem Heft eine Tabelle nach folgendem Muster an.

Pro E-Book	
Argument	Beleg/Beispiel

Kontra E-Book	
Argument	Beleg/Beispiel

Michael Heilemann

Pro: Mit dem E-Book macht das Lesen mehr Spaß

Der E-Reader, das ist eine ganze Bibliothek, so klein, dass sie in die hintere Hosentasche einer Jeans passt – ganz schön praktisch für Vielleser. Ein Plädoyer für das E-Book.

Gegen das E-Book, das ja bloß eine Datei ist, wird gerne seine Körperlosigkeit ins Feld geführt: Nichts in der Hand, was man mit den Fingern streicheln könnte, nichts im Regal, das man bildungsstolz betrachten und dem Besucher präsentieren könnte.

Aber pardon, worum geht's hier eigentlich? Um das Eindruckmachen mit Bibliotheksmetern? Ums Lustobjekt Buch? Nein, es geht um das Vergnügen im Kopf und um den Akt des Lesens – und lesen kann man auf Kindle und Co. ungleich besser.

Wer, in die Jahre gekommen, die Bücher von früher aus dem Regal holt – muffige Bücher mit angegilbten, vertrockneten Seiten – wird oft feststellen, dass er sie kaum mehr lesen kann: zu klein die Schrift, zu eng bedruckt die Seiten. Beim E-Reader stelle ich die Lettern mit einem Fingertipp einfach größer. Und viele meiner Lieblingsbücher von einst gibt es heute zum Runterladen für wenig oder gar kein Geld.

Der E-Reader, das ist eine ganze Bibliothek, so klein, dass sie in die hintere Hosentasche einer Jeans passt – ganz schön praktisch für Vielleser, Vielreisende oder Leute, die sich verkleinern müssen.

Mit dem E-Reader komme ich schneller zum Buch, so ein Download dauert nur wenige Minuten. Und noch wichtiger: Ich finde in der Flut der Neuerscheinungen auch schneller das richtige Buch.

Durch den Laden zu irren, vorbei an Stapeltischen mit Bestsellern, bis ein Verkäufer auftaucht, der mich berät? Nein, danke. Da lade ich mir lieber daheim eine Gratisleseprobe herunter, beispielsweise den Auszug eines Buchs, auf das ich durch eine Rezension im Feuilleton gestoßen bin. Und schaue erstmal in Ruhe rein, bevor ich bezahle. Probelesen: Beim Buchhändler geht das – vielleicht – auch, aber nicht in aller Ruhe und schon gar nicht abends, wenn ich Muße habe.

Gegen E-Books kann man eigentlich nur eins ins Feld führen: Fällt so ein Gerät in die Badewanne, wird's teuer. Aber der wasserdichte Reader ist nur eine Frage der Zeit. Und ein nasses Buch ist ja auch kein Vergnügen.

(Badische Zeitung, 15. März 2013)

Alexander Dick

Kontra: Dem E-Book fehlt jede Sinnlichkeit

Ein E-Book ist einfach kein Buch, ihm fehlt alles, was man damit verbindet. Zum Beispiel die Haptik[1] – ich will ein Buch fühlen, es riechen. Ein Plädoyer für das gedruckte Buch

Wir Traditionalisten gelten oft als unverbesserlich. Da muss ich widersprechen. Immerhin habe ich meiner Frau im Vorjahr schon einen E-Book-Reader geschenkt. Denn ich sehe durchaus die Vorteile: gut eine Tasche voller Bücher weniger, wenn es in den Urlaub geht ...

Darüber hinaus aber kann ich mich nicht anfreunden mit der kleinen Maschine, selbst wenn mich die Textdarstellung positiv überrascht hat. Ein E-Book ist einfach kein Buch, ihm fehlt alles, was man damit verbindet. Zum Beispiel die Haptik – ich will ein Buch fühlen, spüren, wie sich der Umschlag anfasst, den Band aufschlagen, über die neuen Seiten sanft mit der Hand gleiten.

Und dann der Duft. Ja, jedes Buch hat seinen eigenen charakteristischen Geruch – die Melange aus Papier, Farbe und „Verwitterung" verändert sich im Lauf der Zeit.

Wer eine Bibliothek mit der Nase voraus betritt, wird das nachfühlen können. Das ist wie mit Parfüm – man erschnuppert es und hat eine Assoziation. Die erste Liebe. Nähe. Unerreichbarkeit. Ich erinnere mich noch genau an den Geruch der Karl-May-Schmöker, die ich nachts mit der Taschenlampe unter der Bettdecke las. Wenn ich ihn erschnuppere, sehe ich sie auch wieder vor mir, Winnetous und Old Shatterhands Welt, so, wie ich sie mir erdachte: Eine Assoziation weckt die nächste, als beträte man einen geheimnisvollen Park, in dem man lange nicht mehr war.

Unvorstellbar, auf derlei Sinnlichkeit zu verzichten. Nicht mehr zu spüren, wie man sich Seite für Seite durch ein Buch kämpft und die Last langsam von der rechten auf die linke Hand wandert. Nur einen Balken zu betrachten, der einem in Prozenten signalisiert, wie weit man mit dem Studium vorangekommen ist – nein. Und am Ende seines Lebens statt einer sorgfältig „eroberten" Bibliothek nur dieses eine elektronische Dings (mit tausend Dateien, die man nicht sehen kann) zu besitzen – wie armselig wäre das!

(Badische Zeitung, 15. März 2013)

1 die Haptik: die Lehre vom Tastsinn

2 Ergänze die Tabelle um weitere Pro- und Kontra-Argumente mit Belegen/Beispielen und ordne die Argumente steigernd nach der Wichtigkeit.

3 Kreuze die Einleitung an, die das Thema „Sind E-Reader ein Ersatz für gedruckte Bücher?" am besten einführt. Begründe deine Wahl.

- ☐ Bald habe ich Geburtstag. Ich wünsche mir einen E-Reader. Meine Freundin hat schon einen und ist begeistert. Meine Mutter findet aber, dass diese kleinen Geräte zu teuer sind. Wie soll ich sie überzeugen, dass ein E-Reader eine tolle Sache ist?
- ☐ Im Bus, im Zug, im Flugzeug, im Café, am Strand ... überall sieht man inzwischen Menschen, die nicht mehr in einem Buch lesen, sondern sich in ihren E-Reader vertiefen. Der Trend weg vom bedruckten Papier scheint nicht mehr aufzuhalten zu sein. Aber sind E-Reader wirklich ein Ersatz für das klassische Buch?
- ☐ Vor kurzem sah ich im Fernsehen eine Sendung über E-Reader. Das habe ich sehr interessant gefunden. Da habe ich viel über die Vor- und Nachteile dieser Geräte erfahren. Diese Argumente werde ich jetzt aufzählen. Dabei werde ich mit den Vorteilen beginnen.

Begründung für die gelungene Einleitung

4 Arbeite die beiden wichtigsten Pro- und Kontra-Argumente zum Thema „Sind E-Reader ein Ersatz für gedruckte Bücher?“ vollständig in deinem Heft aus.

5 Verfasse in deinem Heft einen Schlussteil der Erörterung, in dem du deine Meinung zur Themenfrage zum Ausdruck bringst.

6 Lies die Schülerarbeit zum Thema „Sind E-Reader ein Ersatz für gedruckte Bücher?“ auf der folgenden Seite und überprüfe sie mithilfe der untenstehenden Checkliste und der Korrekturzeichen aus dem Kapitel Diagnostizieren (☞ S. 12).
→ Kreuze an, was zutrifft, und überarbeite die fehlerhaften Punkte. Ziehe ein Wörterbuch hinzu, wenn du bei Rechtschreibung, Grammatik und Zeichensetzung unsicher bist.

	ja	nein
Fehlerquellen im inhaltlichen und formalen Bereich:		
• Die Gliederung ist formal und stilistisch einheitlich.	☐	☐
• Die Argumentation ist vollständig (Behauptung, Begründung und/oder Belege jeweils für Pro und Kontra).	☐	☐
• Die Beispiele oder Belege sind geeignet und überzeugend.	☐	☐
• Überleitungen sind vorhanden.	☐	☐
• Ausführung und Gliederung stimmen überein.	☐	☐
• Die Einleitung ist angemessen, enthält keine Argumente und stellt die Themenfrage.	☐	☐
• Die Schlussfolgerung enthält Synthese und Ausblick und rundet die Erörterung ab, ohne neue Argumente anzuführen.	☐	☐
Fehlerquellen im orthografischen Bereich:		
• Die Rechtschreibung ist korrekt.	☐	☐
• Die Kommas, vor allem in und am Ende von Nebensätzen, sind korrekt gesetzt.	☐	☐
Fehlerquellen im sprachlichen Bereich:		
• Die Wortwahl ist geeignet.	☐	☐
• Der Ausdruck passt zur Thematik (nicht zu umgangssprachlich, aber auch nicht zu gezwungen) und ist klar und sachlich.	☐	☐

Sind E-Reader ein Ersatz für gedruckte Bücher?

FEHLER!

E-Books, sogenannte „elektronische Bücher", sind Bücher in digitaler Form, die man auf E-Readern oder Tablets, lesen kann. E-Reader werden von verschiedenen Firmen angeboten, die wohl bekannteste unter ihnen ist das Online-Versandhaus Amazon mit seinem E-Reader „Kindle". Die Kindle-App gibt es inzwischen auch für Smartphones und Tablets. Nun stellt sich die Frage, ob das Lesen von E-Books und das Benutzen von E-Readern ein Ersatz sein kann für das gedruckte Buch. In der folgenden Erörterung werden positive Argumente als auch negative Argumente zum Thema E-Reader angeführt.

Gegen E-Reader spricht, dass E-Books von Online-Händlern wie Amazon angeboten werden. Diese Firmen bestimmen, welche Bücher sie ihrer Kundschaft digital anbieten. Die Leser und die Autoren sind also abhängig von den Herstellern der E-Reader und deren Angebot. Es ist fragwürdig, ob man diesen Firmen die Macht der Entscheidung überlassen darf über das, was wir lesen sollen. Da es nur wenige dieser Firmen gibt, haben neue oder nicht so populäre Schriftsteller weniger Chancen, dass ihre Werke ins Angebot aufgenommen werden. Da E-Books wahrscheinlich in Zukunft immer wichtiger werden, könnte das zum Problem werden. So könnte Amazon zum Beispiel junge Nachwuchsautoren, die gute und interessante Bücher schreiben, ablehnen, weil die Firma glaubt, dass sich die Veröffentlichung nicht lohnt.

Ein zweites Argument, das gegen die E-Reader spricht, ist, dass man Bücher, wenn man sie als E-Books auf einer online-Plattform kauft und herunterlädt, nur in digitaler Form und nur unter diesem Kundenkonto besitzt. Man besitzt also nicht wirklich ein Buch. Man darf nur mit dem entsprechenden Gerät und nach einem Kunden-Login auf das Buch zugreifen, so, als ob man es in einer Bibliothek ausleihen würde. Möchte man irgendwann den Anbieter wechseln oder verliert man den Zugang zum Kundenkonto, hat man ebenso die Online-Bibliothek verloren. Kauft sich ein Kunde über das Kindle oder die Kindle-App ein Buch, kann er dieses Buch nur mit Hilfe des Kindle-Geräts oder der Kindle-App lesen, nicht aber mit einem anderen E-Reader.

Ein letztes Argument, das gegen E-Reader spricht, ist, dass man von einem Akku abhängig ist. Echte, gedruckte Bücher kann man immer und zu jeder Zeit lesen. Im Gegensatz dazu funktionieren E-Reader nur mit einem Akku, und somit ist man darauf angewiesen, dass dieses geladen, ist, wenn man lesen möchte. Man kann auf einem E-Reader nicht ewig lesen, da man nach einigen Stunden den Akku wieder aufladen muss. Was aber, wenn keine Steckdose in der Nähe ist, wie zum Beispiel im Flugzeug oder am Strand? Ohne Strom ist der E-Reader ein wertloser Gegenstand, mit dem

FEHLER!

man nichts anfangen kann. Außerdem schadet es den Augen, wenn man ständig auf einen Bildschirm starrt.

Andererseits sind E-Reader Teil des technischen Fortschritts. E-Books werden auf einem sich dem Umgebungslicht anpassenden Bildschirm gelesen. Wenn die Sonne scheint, hellt sich der Bildschirm automatisch auf, so dass die Umgebung weniger reflektiert wird und man den Text besser lesen kann. Ein gedrucktes Buch kann das nicht, und es schont auch nicht die Augen, wenn man in gleißendem Licht auf weißem Papier liest. E-Reader hingegen schonen die Augen, da sie sich an die Umgebung anpassen. Das ist auch praktisch, wenn man abends im Bett noch lesen möchte, die Ehefrau aber nicht stören will.

Darüber hinaus sind E-Reader umweltfreundlicher als gedruckte Bücher. Große Flächen des Urwaldes werden abgeholzt, um Papier herzustellen und Bücher zu drucken, die man einmal liest und dann ins Regal stellt oder in die Papiersammlung gibt. Andere chemische Mittel, die bei der Papierherstellung benutzt werden, wie zum Beilspiel Bleiche, belasten die Umwelt zusätzlich. Das Umsteigen auf E-Books könnte somit zum Erhalt der Urwälder und der Entlastung der Natur beitragen. Auch würde weniger Abfall produziert und die Welt weniger verschmutzt.

Zudem kann man auf einem kleinen und leichten E-Reader eine ganze Bibliothek abspeichern. Durch den großen internen Speicher ist es möglich, tausende Bücher in einem „Buch“ zu haben. Dies spart viel Platz und es ist handlicher, als einen schweren Roman im Rucksack mit sich herumzuschleppen. Durch das geringe Gewicht eines E-Readers ist er ideal für Reisen. Auf Reisen möchte man nicht zehn verschiedene Bücher mitnehmen.

Zusammenfassend kann man sagen, dass der Besitz der Bücher nur in der digitalen Form und die Abhängigkeit von großen Firmen und vom Akku, das beispielsweise am Strand oder im Flugzeug, wo man es am dringendsten braucht, keinen Saft mehr hat, gegen die E-Reader sprechen. Jedoch sprechen der technische Fortschritt der Bildschirme, die Umweltfreundlichkeit und die Tatsache, dass er platzsparender ist als hundert verschiedene Bücher für die E-Reader. Meiner Meinung nach sind E-Reader ein guter Ersatz für gedruckte Bücher. Da unsere Gesellschaft täglich moderner wird und andere technische Entwicklungen erfindet, könnte man das Problem mit der kurzen Akkudauer verbessern. Deshalb glaube ich, dass E-Reader und E-Books immer beliebter werden. Sicher wird man in Zukunft noch viel von E-Readern hören, denn sie sind noch am Anfang ihrer Entwicklung, wie es die ersten Mobiltelefone ohne Internet und Apps vor vielen Jahren waren.

6.2 Textgebunden argumentieren

1 Lies den Text.
→ Kläre mithilfe eines Wörterbuchs dir unbekannte und aus dem Kontext nicht zu erschließende Wörter. Trage sie in ein Vokabelheft ein, das du regelmäßig ergänzt. Präge dir die Wortbedeutungen ein und erweitere so deinen Wortschatz.
→ Wähle aus den folgenden Aussagen jene aus, die das Thema kurz und prägnant erfasst.

☐ Der Text geht der Frage nach, wie die Jugendlichen am besten mit dem gesellschaftlichen Druck umgehen.
☐ Der Text untersucht, welchen unterschiedlichen Erwartungen die Jugendlichen ausgesetzt sind.
☐ Der Text erforscht die Gründe, warum die Jugendlichen so viel Geld für Markenprodukte ausgeben.
☐ Der Text stellt dar, weshalb Markenkleidung bei Jugendlichen angesagt ist.

Peter Bloed und Jana Tilz
Jugendliche im Kaufrausch: jung, hip und markengeil

Vanessa sieht gut aus. Sie hat lange, glatte Haare und trägt viel Wimperntusche. Wenn sie am Wochenende feiern geht, zwängt sie sich in ein knappes, knalliges Kleid und schlüpft in schlichte Highheels. Drunter trägt sie Unterwäsche von Victoria's Secret. Mit ihrem hellblauen Mini Cooper Cabrio holt sie ihre Freundin ab. Sie legt die neue Juicy-Handtasche in den Kofferraum und setzt ihre Ray-Ban-Sonnenbrille auf.

Mädchen wie Vanessa gibt es viele in Deutschland. Sehr viele. Und sie werden für die Konsumindustrie eine immer wichtigere Kundengruppe: Nie zuvor gaben Jugendliche und junge Erwachsene mehr Geld für den Konsum aus. Nie war ihr Drang nach Luxusgütern größer. Die Rede ist nicht von neureichen Yuppies, die Aperol Spritz in feinen Bars trinken, sondern von der breiten Masse an 15- bis 22-Jährigen, für die es nur drei goldene Shopping-Regeln gibt: Marke, Marke, Marke. Ist diese Entwicklung einfach nur Spiegelbild einer Wohlstandsgesellschaft? Nein. Das greift zu kurz. „Viele junge Leute haben ein zunehmendes Bedürfnis, sich selbst darzustellen", sagt Daniel Röder, Soziologe an der Universität Trier. Es bleibt zu klären, warum die Jugend von heute so markenverrückt ist. Und was bei ihr angesagt ist.

Fast 18 Milliarden Euro geben die Jugendlichen jährlich für den Konsum aus. Eltern, die die nötigen finanziellen Mittel haben, legen pro Jahr noch einmal 28 Milliarden Euro obendrauf. Der Großteil des Geldes fließt in Kleidung und Technik. Die Präferenzen dabei sind eindeutig, das zeigen repräsentative Untersuchungen wie die groß angelegte „Shell Jugendstudie": Bei der Frage „Was ist in?" landet auf Platz eins mit 92 Prozent der Nennungen „Toll aussehen". Auf Platz drei mit 80 Prozent rangiert „Technik", gefolgt von „Markenkleidung tragen". Der richtige optische Auftritt ist den jungen Menschen also extrem wichtig. „Treue", „Studieren" oder „Verantwortung übernehmen" finden die jungen Menschen zwar auch wichtig – aber eben nicht ganz so wichtig wie das Aussehen oder das Handy. Soziologen und Konsumforscher nennen das Phänomen: Self-Image. Die Jugend will sich von den Eltern abgrenzen und sucht die Anerkennung im Freundeskreis. Die Art des Konsums entscheidet, ob die jungen Leute in ihren Kreisen integriert oder ausgeschlossen werden. Und sie genießen es, jung zu sein. Die Mehrheit der deutschen Jugendlichen glaubt, dass das Leben nur noch schlechter werden kann. Schon im Alter von 15 Jahren sind sie einem enormen gesellschaftlichen Druck ausgesetzt.

Es reicht nicht mehr nur, das Gymnasium zu schaffen. Die Jugend von heute muss in einer komplexen Leistungsgesellschaft bestehen, Erfahrungen im Ausland sammeln, am besten vier Fremdsprachen und zwei Instrumente beherrschen. Und natürlich sportlich sein und gut aussehen. Gleichzeitig fühlt sich diese Generation auch perspektivlos. Denn die globale und vielfältige Arbeitswelt mit all ihren Möglichkeiten überfordert sie. Die Unfähigkeit, Entscheidungen zu treffen, wird zu einer Generationsschwäche. Doch die Gesellschaft erwartet genau das. Diesen Druck gleichen junge Leute beim Shoppen aus. Je komplizierter es wird, langfristige Projekte zu realisieren, desto wichtiger wird auch die momentane Situation.

2 Teile den Text in Sinnabschnitte (//).
→ Fasse jeden Sinnabschnitt in einem Satz zusammen.

3 Die Hauptthese des Textes lautet: „Nie zuvor gaben Jugendliche und junge Erwachsene mehr Geld für den Konsum aus. Nie war ihr Drang nach Luxusgütern größer."
→ Arbeite aus dem Text die Argumente heraus, die diese These stützen, und formuliere sie in eigenen Worten.

4 Setze dich in deinem Heft kritisch mit den Argumenten auseinander und suche weitere Gründe für den Konsumrausch der Jugendlichen.

5 Schreibe in dein Heft eine textgebundene Erörterung.
→ Orientiere dich dabei an den Vorgaben aus dem Wissenskästchen (☞ S. 63).

WISSEN

In einer **textgebundenen Erörterung** setzt man sich kritisch mit der Argumentation eines Sachtextes (z. B. Zeitungsartikel) auseinander. Hier werden also Textaussage und eigene Meinung miteinander verknüpft. Dabei können Ideen für das Thema aus dem Text entnommen, um eigene Gedanken ergänzt und zu einer vollständigen Erörterung ausgearbeitet werden.
Ein besonderer Stellenwert kommt dem gründlichen **Erschließen** des **Textes** zu. Hilfreich ist

- das **Unterteilen** des **Textes** in **Abschnitte**,
- das **Formulieren** von **Überschriften**,
- das **Notieren der Argumente** am Rand, damit die dargestellte **Argumentation** des Textes in ihrem **gedanklichen** und **sprachlichen Aufbau** herausgearbeitet wird.

Die Argumentationsweise des Textes sollte anhand der allgemeinen Regeln von Argumentationen (☞ S. 54 f.) kritisch überprüft werden. Stichpunkte zum **eigenen Standpunkt** gegenüber der Fragestellung des Textes sind eine hilfreiche Vorarbeit.

6 Kontrolliere und überarbeite deinen Text anhand der folgenden Kriterien.

Meine Einleitung ist korrekt und vollständig:

- ☐ Max. 3–4 Sätze
- ☐ Informationen zur Textquelle (Titel, Textsorte, Verfasser/Verfasserin, Erscheinungsort und -jahr)
- ☐ Zuordnung des Textes zur Textsorte
- ☐ Kurze Nennung des Inhalts (was?)
- ☐ Kurze Hinführung zum Problem (z. B. über einige Leitfragen des Textes)

Im Hauptteil habe ich …

- ☐ die Argumentation des Autors wiedergegeben und sie mit eigenen Worten erläutert.
- ☐ mich im Anschluss daran kritisch mit den Argumenten auseinandergesetzt und stützende oder gegensätzliche Argumente angeführt.
- ☐ die Wiedergabe der Argumentation des Autors durch meine sprachliche Gestaltung klar von meiner Stellungnahme unterschieden (z. B. durch korrekten Modusgebrauch).

Meine Argumentation ist logisch:

- ☐ Zusammenhänge werden mit Satzverbindungen, die die Abläufe zeitlich richtig einordnen oder Gründe angeben, verdeutlicht.
- ☐ Beispiele oder Belege sind überzeugend.
- ☐ Bei einem neuen Gedanken/einem neuen Argument beginnt ein neuer Absatz.

Im Schlussteil habe ich …

- ☐ die wichtigsten Punkte des Hauptteils noch einmal zusammengefasst.
- ☐ eine eigene Stellungnahme formuliert.
- ☐ bei der Stellungnahme darauf geachtet, abwechslungsreiche sprachliche Wendungen zu benutzen *(andererseits bin ich der Meinung, dass …, am Ende meiner Ausführungen widerspreche ich …, außerdem sehe ich dieses anders, weil …)* und Satzgefüge zu bilden.

Ich habe …

- ☐ Präsens (Gegenwart) oder Perfekt (Vorzeitigkeit zur Gegenwart) benutzt.
- ☐ die indirekte Rede an entsprechender Stelle eingesetzt und richtig gebildet. (Konjunktiv I)
- ☐ eigene Formulierungen benutzt.
- ☐ sachlich geschrieben.
- ☐ Überleitungen geschaffen.
- ☐ den Schluss (Fazit) nicht zu kurz oder zu lang gestaltet.
- ☐ den Bezug zum Text immer wieder hergestellt.
- ☐ die Rechtschreibung kontrolliert.
- ☐ die Zeichensetzung besonders bei Nebensätzen beachtet.

Eine **kompetente Sprachanwendung** und **Sprachkorrektheit** in der gesprochenen und insbesondere in der **Schriftsprache** werden nicht nur in der Schule, sondern auch im Studium, im Bewerbungsschreiben und später im Beruf erwartet. Deshalb solltest du dich gezielt mit formalen Aspekten der Sprache befassen und **häufige Fehlerquellen** in den Bereichen Stil, Rechtschreibung, Syntax und Grammatik **systematisch aufarbeiten**.

1 Eine positive Einstellung schaffen

→ **Mache** dir **bewusst**:

- Auch wenn sich ein Text trotz mangelhafter Rechtschreibung im Sinnzusammenhang entschlüsseln lässt, wird dadurch die **Konzentration auf den Inhalt** eingeschränkt. Deswegen ist eine **fehlerfreie Rechtschreibung** einschließlich der richtigen **Zeichensetzung** erstrebenswert.
- In vielen Bereichen des öffentlichen Lebens wird eine **Einhaltung der orthografischen Normen** in der **Schriftsprache** erwartet. Das reicht von Klassenarbeiten über Studienarbeiten bis hin zu Bewerbungsschreiben und der schriftlichen Kommunikation im Beruf und mit Behörden oder anderen öffentlichen Ansprechpartnern.

2 Zentrale Rechtschreibstrategien anwenden

Durch die Anwendung folgender Strategien kannst du deine **Fehlerquote** erheblich **senken**.

1. Sprich deutlich, höre genau zu (Lautprinzip – Unterscheidung *langer/kurzer Vokal*).
2. Beachte die Regeln der Rechtschreibung und Zeichensetzung (grammatisches Prinzip).
3. Leite vom Wortstamm ab (*Baum – Bäume, Hand – Hände*).
4. Erweitere die Wörter (*richtig – richtige*).
5. Trenne nach Sprechsilben.
6. Schlage im Wörterbuch nach.
7. Probiere unterschiedlche Schreibweisen aus.
8. Schreibe richtig ab und schreibe lesbar.
9. Suche im Zweifelsfall ein Ersatzwort oder eine andere Formulierung.

3 Texte kontrollieren und überarbeiten

→ **Überprüfe** im Nachhinein noch einmal die **Schreibung schwieriger Wörter**.
→ **Benutze** verstärkt **Wörterbücher** und nutze bei der Arbeit am Computer die Möglichkeiten der Korrekturfunktion deines Textverarbeitungsprogramms.
→ **Erstelle** anhand der korrigierten Klassenarbeiten eine **persönliche Fehleranalyse** und arbeite gezielt an deinen Problemen.

TIPPS UND QUERVERWEISE

Diagnostizieren (☞ S. 5 ff.), Syntax und Grammatik (☞ S. 70 ff.)

ACHTUNG: FEHLERQUELLEN!

Die Unterscheidung zwischen Konjunktion (*dass, denn*) und Relativpronomen (*das, den*), die Groß- und Kleinschreibung und die Zusammenschreibung (Verben mit trennbarer Vorsilbe) bzw. Getrenntschreibung (Verben ohne trennbare Vorsilbe) bei Infinitiven mit „zu" sind die häufigsten Fehlerquellen.

7.1 Wort- und sachbezogene Rechtschreibregeln anwenden

1 Verbinde jeweils ein Wort aus der linken Spalte mit einem passenden aus der rechten.
→ Notiere das neue Wort und achte auf die Getrennt- oder Zusammenschreibung und auf die Groß- und Kleinschreibung.

~~in~~	gehen	Beispiel: inmitten
da	nehmend	
hoch	Hause	
schwimmen	sein	
schön	fahren	
Rad	schreiben	
getrennt	stapeln	
zusammen	färben	
nach	~~mitten~~	
Teil	brechend	
Bahn	Rücken	

2 Im folgenden Text stehen zehn falsch geschriebene Wortverbindungen.
→ Streiche sie durch und korrigiere sie in der Randspalte.

FEHLER!

In den letzten Monaten sind mehrere brandaktuelle Erfahrungsberichte über besondere „Auszeiten“ erschienen: Mehrere Autoren haben nicht Umstände halber, sondern freiwillig einige Wochen auf das Internet verzichtet, mancher hat zudem sogar das Handy einige Zeit lang abgeschaltet. Freudestrahlend oder Leid erfüllt wird nun darüber berichtet, wie es ist, ohne moderne Kommunikationsmittel aus zu kommen. Während der ersten Tage, so der Tenor aller Reportagen, hat es die Betroffenen nahezu rasendgemacht, vermeintlich ohne Verbindung zur Welt zu sein, und sie haben ihren Selbstversuch desöfteren infrage gestellt. Im Laufe der Zeit haben sie aber gelernt, das Leben „nur“ Mithilfe von persönlichen Gesprächen, Briefen, Faxen oder Festnetztelefonaten zu meistern. Insgesamt plädiert keiner der Autoren für einen kompletten Verzicht auf moderne Kommunikationsmittel, dies sei eine schwerverständliche Reaktion. Durch eine solche Totalverweigerung könnten einem auch tatsächlich wichtige Kontakte gerade im geschäftlichen Bereich abhanden kommen.
Sie möchten aber dem Leser anheim stellen, über realistische Optionen nachzudenken: etwa vor dem Arbeitstag keine E-Mails abzurufen oder das Haus auch einmal ohne Handy zu verlassen – zugunsten einer echten Privatheit auf einem Spaziergang. Dann, so die Autoren, kann einem zu teilwerden, was auch sie selbst erfahren haben: eine Zeit Weise Entschleunigung des Alltags, die auf jeden Fall Wohl tuend ist.

3 Kontrolliere mithilfe der Lösung deine Ergebnisse aus Aufgabe 2.
→ Übertrage die folgende Tabelle in dein Heft und ergänze die Grundform der verbesserten Wortverbindungen.
→ Formuliere die entsprechende Regel und füge ein weiteres Beispiel hinzu.

	Wortverbindung	Regel	weiteres Beispiel
Beispiel nicht im Text:	stehenbleiben	Verb + Verb schreibt man normalerweise getrennt, aber weil die Bedeutung hier idiomatisiert (übertragen) ist, kann man auch zusammenschreiben	sitzenbleiben

4 Groß- oder Kleinschreibung? Ergänze den richtigen Buchstaben und ordne jeweils der Großschreibung die passende Regel zu.

a) Peters Gesicht war ____rnst, als er Alfred drohte, mit seiner Klage ____rnst zu machen.

b) Anita hat ____chuld an dem Unfall gehabt. Du wirst ____chuld sein, wenn wir zu spät kommen.

c) Bei dem Fest fanden sich ____ung und ____lt zusammen. Die Zeugin kann nicht angeben, ob der Täter ____ung oder ____lt war.

d) Zu den Kulturtechniken gehören ____esen und ____chreiben. Es ist wichtig, ____esen und ____chreiben zu können.

e) Paul vertut seine Zeit mit ____pielen. Wenn wir ____pielen, vergessen wir gerne die Zeit.

f) Wenn wir im Hotel ankommen, packen wir als ____rstes unsere Koffer aus.
Als ____rstes von drei Kindern hat Paul es nicht immer leicht.

g) Ohne ____ben wirst du dich in der Rechtschreibung nicht verbessern. Er wusste, er würde noch ____ben müssen.

h) Du meldest dich am ____esten bei deiner Klassenlehrerin. Sie gehört zu den ____esten ihres Jahrgangs.

Regel 1	Alle nominalisierten Wortarten – auch Verben und Adjektive – werden großgeschrieben. Man kann dies u. a. durch die Artikelprobe testen: *Ohne [das] Nachdenken kommt man nicht darauf.*
Regel 2	In Verbindung mit *haben*, *geben* und *tragen* wird das Adjektiv *schuld* großgeschrieben. In Verbindung mit *sein*, *bleiben* und *werden* muss es kleingeschrieben werden.
Regel 3	Das Adjektiv *ernst* wird kleingeschrieben. In Verbindung mit Verben wird es als Nomen gebraucht und folglich großgeschrieben: *Sie wollten endlich Ernst machen.*
Regel 4	Zahlreiche Nominalisierungen sind fester Bestandteil des Wortschatzes geworden, insbesondere Paarbezeichnungen, wenn sie sich auf Lebewesen beziehen, z. B. *Jung und Alt*, *Groß und Klein.*
Regel 5	Superlative mit „am", die mit „wie?" erfragt werden können, werden kleingeschrieben: *am schönsten.* Nominalisierte Superlative werden großgeschrieben: *das Schönste.*

5 Groß- oder Kleinschreibung? Streiche den falschen Buchstaben durch.

In der (d/D)eutschen Sprache gibt es nicht nur viele Wörter aus dem (l/L)ateinischen, sondern auch eine Reihe von Wörtern aus dem (a/A)rabischen, beispielsweise „Alkohol“ und „Benzin“. Es ist aber nicht nötig, beim (s/S)chreiben dieser Wörter über die Herkunft nachzudenken. Man kann vielmehr ein gewöhnliches Wörterbuch nutzen und darin (n/N)achschlagen. Meist lassen sich dort Hinweise auf den fremden Ursprung von (b/B)ekannten Wörtern finden. Andernfalls lässt sich durch das (r/R)echerchieren in einem sogenannten „etymologischen Wörterbuch“ (e/E)twas über die Geschichte eines Wortes (l/L)ernen. Hier finden sich (v/V)ermerke wie „arab.“, die auf die historische Herkunft (h/H)inweise liefern. Ohne diese Abkürzungen zu (k/K)ennen, kann man so ein Wörterbuch aber auch nicht sinnvoll (n/N)utzen. Hier gilt es also, den (g/G)ebrauch des Nachschlagewerks zu (ü/Ü)ben, denn nur (ü/Ü)bung macht den Meister.

6 Wähle die richtige Schreibweise (groß oder klein) und begründe deine Entscheidung.

- Eines (tages) ______________ kam er nicht mehr nach (hause) ______________, (tags) ______________ darauf gab die Ehefrau eine Vermisstenanzeige auf.
- Gewohnt hatte er – wie sie auch – in der (danziger straße) ______________ ______________, sagte sie dem Polizisten.
- Sie war zunächst (außerstande) ______________, weitere Angaben zu machen.
- „Ich weiß nicht, was ich (ihnen) ______________ noch sagen soll, denn (sie) ________ wissen jetzt alles,“ schrieb (sie) ________ am nächsten Tag an die Polizei.
- Mitgenommen hatte (ihr) ______________ Mann lediglich ihren Hund, eine (dänische dogge) ______________, die (von klein auf) ______________ bei ihnen gelebt hatte.
- Und das nach all den Jahren, dachte sie, sie waren doch gemeinsam durch (dick und dünn) ______________ gegangen.
- Der Hund war (anderntags) ______________ wieder da, am (Mittag) ______________ jaulte er vor der Haustür.
- Er hingegen blieb (für immer und ewig) ______________ ______________ verschwunden.

7.2 Übungen zur Zeichensetzung durchführen

1 Notiere jeweils hinter den Sätzen das Satzbaumuster, das passt.

Das Unternehmen Shell finanziert seit 1953 eine Jugendstudie, die ein aktuelles Bild der Jugendgeneration in Deutschland zeichnet, und beauftragt unabhängige Wissenschaftler und Institute mit der Erhebung und Auswertung der Daten. *HS-NS-HS (HS = Hauptsatz, NS = Nebensatz)*

Die 17. Shell Jugendstudie 2015 stützt sich auf eine repräsentativ zusammengesetzte Stichprobe von 2.558 Jugendlichen im Alter von 12 bis 25 Jahren aus ganz Deutschland und widmet sich erstmals einer Generation, die vollständig im wiedervereinigten Deutschland aufgewachsen ist. ____________________

Waren Kalter Krieg und Mauerfall noch prägende Elemente beim Aufwachsen vorangegangener Generationen, so kennt die junge Generation diese historischen Ereignisse nur aus Erzählungen. ____________________

Doch muss auch diese heranwachsende Generation in einer von Krisen gezeichneten Welt ihren Platz finden. ____________________

Jugendliche stehen den Anforderungen, die Alltag, Beruf und Gesellschaft mit sich bringen, eher pragmatisch gegenüber. ____________________

Werte wie Freundschaft, Partnerschaft und Familie stehen an erster Stelle, die Jugendlichen legen aber auch großen Wert auf den Respekt vor Gesetz und Ordnung, und viele wollen fleißig und ehrgeizig sein. ____________________

2 Füge die fehlenden Kommas in den Text ein.

Aus der Shell-Jugendstudie 2015 lassen sich folgende Trends herauslesen:
Jugendliche die die Schule ohne Schulabschluss verlassen mussten haben deutlich schlechtere Chancen einen Ausbildungsplatz zu finden und danach eine geregelte Erwerbstätigkeit aufzunehmen. Doch auch Jugendliche mit Schulabschluss können häufig nicht die ursprünglichen Berufswünsche verwirklichen.

Für die Jugendlichen steht bei der Wahl ihres Berufs ein ausgewogenes Verhältnis von Nutzen und Erfüllung im Vordergrund. Beim Nutzen überwiegen hohes Einkommen und gute Aufstiegsmöglichkeiten gleichermaßen bewerten sie jedoch genügend Freizeit als wichtig. Für die Mehrheit der Jugendlichen soll der Beruf das Leben nicht ausschließlich bestimmen. Für 91 Prozent ist wichtig dass Familie und Kinder neben dem Beruf nicht zu kurz kommen. Nur weniger als jeder zweite Jugendliche vertritt die Meinung dass Überstunden einfach dazu gehören wenn man Karriere machen möchte. Dabei können sich junge Männer eher mit Überstunden und Wochenendarbeit anfreunden als junge Frauen denen der Ausgleich mit der Familie wichtiger ist. Im Gegensatz zu den jungen Männern legen jungen Frauen stärker den Fokus darauf sich um andere zu kümmern und eine erfüllende Tätigkeit zu haben.

Die Familie hat für Jugendliche weiterhin einen hohen Stellenwert. Hier finden sie den notwendigen Rückhalt und die positive emotionale Unterstützung auf dem Weg ins Erwachsenenleben. Mehr als 90 Prozent der Jugendlichen haben ein gutes Verhältnis zu ihren eigenen Eltern. Fast drei Viertel würden ihre eigenen Kinder ungefähr so oder genauso erziehen wie sie selbst erzogen wurden. Dieser Wert hat seit 2002 stetig zugenommen.

Immer mehr Jugendliche zeigen politisches Interesse. Im Vergleich zu nur 30 Prozent im Jahr 2002 bezeichnen sich 2015 rund 41 Prozent der Jugendlichen als „politisch interessiert". Männliche Jugendliche sind häufiger an Politik interessiert als weibliche. Mit dem politischen Interesse ist die Bereitschaft zur Beteiligung an politischen Aktivitäten verbunden. Die etablierten Parteien profitieren davon jedoch nicht denn die Politikverdrossenheit bleibt weiter hoch. Jugendliche bringen den Parteien wenig Vertrauen entgegen genauso wie großen Unternehmen Kirchen und Banken. Das größte Vertrauen genießen Polizei Gerichte sowie Menschenrechts- und Umweltschutzgruppen.

Bei den Freizeitaktivitäten hat das Internet in den letzten Jahren deutlich an Bedeutung gewonnen. Geselligkeit, Kontakte knüpfen, sich mit anderen Leuten treffen etc. bleibt das zentrale Motiv. Sportliche Aktivitäten klassische Mediennutzung (Fernsehen Musik) und kreative Elemente lassen sich ebenfalls finden. Wichtiger geworden sind auch Unternehmungen mit der Familie.

Die Jugendlichen sind über die Problematik der Datennutzung im Internet informiert und sehen diese auch kritisch. Mehr als vier Fünftel von ihnen glauben dass große Konzerne wie Google und Facebook mit ihren Nutzern und deren Daten viel Geld verdienen. Obwohl mehr als die Hälfte der Jugendlichen angibt häufig oder sehr häufig Facebook zu nutzen fällt das Vertrauen in dieses Unternehmen sehr gering aus.

3 Im Folgenden sind einzelne Aussagen der Autoren der Shell-Jugendstudie 2015 teils in direkter und teils in indirekter Rede wiedergegeben. Ergänze die Satzzeichen.

Beim Thema Facebook-Freunde und wahre Freunde seien die Jugendlichen sehr bewusst unterwegs erklärt der Sozialforscher Ingo Leven und ergänzt Bei den wahren Freunden handelt es sich um die mit denen man im Leben durch dick und dünn geht denen man alles anvertrauen kann Davon unterschieden die jungen Leute die losen Bekanntschaften die man im Leben sammle und mit denen man zum Beispiel auch über Facebook in Kontakt bleibe

Levens Kollegin Hilde Utzmann geht auf die Bedeutung ein die Jugendliche der Bildung beimessen Die Sozialforscherin betont Die Jugendlichen wissen genau dass Bildung der Schlüssel für das Erreichen ihrer Ziele ist In den vertiefenden Gesprächen hätte ein 18-Jähriger dieses Verständnis von Bildung in der Aussage Schule ist der Baustein für meine Zukunft auf den Punkt gebracht Die Jugendlichen wüssten genau dass sie diszipliniert arbeiten müssen um ihre ehrgeizigen Ziele zu erreichen Aber da bekommen sie dann Angst vor der eigenen Courage resümiert Hilde Utzmann eine weitere Feststellung der Forscher Die Jugendlichen haben Angst den inneren Schweinehund nicht überwinden zu können und das macht ihnen Druck diese Angst vorm Versagen

so geht's

Die **Syntax** (deutsch: Satzbau) basiert auf einem **Regelsystem**, das es ermöglicht, **einzelne Wörter** zu **Sätzen** bzw. **Haupt- und Nebensätze** oder **mehrere Hauptsätze** zu **längeren Sätzen** zusammenzubauen. Die Kenntnis der Syntax hilft dabei, **Texte anderer genau zu beschreiben und zu analysieren** und vor allem **selbst grammatisch korrekte Texte zu verfassen**. Der Satzbau hat großen Einfluss auf die Wirkung von Texten.

Folgende Strategien helfen dir beim Bestimmen von Haupt- und Nebensätzen und beim Erkennen von Satzreihen und Satzgefügen:

1 Vorüberlegungen zum Bestimmen von Haupt- und Nebensätzen anstellen

Überprüfe die **Stellung des konjugierten** (= des finiten/gebeugten) **Verbs** (= Prädikat):

- **Hauptsätze** erkennst du daran, dass der konjugierte Teil des Prädikats an zweiter Satzgliedstelle im Satz steht. (*Ich **lade** dich zu meiner Party **ein**.*)
- Bei **Nebensätzen** steht der konjugierte Teil des Prädikats am Satzende, wenn es sich um einen eingeleiteten Nebensatz handelt. (*Ich freue mich, dass du mich **einlädst**.*)
- **Nebensätze** werden durch **Konjunktionen** (*dass, weil, während, obwohl* ...) oder **Relativpronomen** (*der, die, das, welcher, welche, welches, wer, was* ...) eingeleitet und immer durch ein **Komma** vom Hauptsatz getrennt.

2 Satzreihen oder Satzgefüge erkennen

Bestimme mithilfe der verbindenden Konjunktion, um welche Art von **Satzverbindung** es sich handelt:

- Wenn die *verbindende Konjunktion* (*und, oder, aber, sowohl ... als auch, trotzdem, denn* ...) einen Hauptsatz anschließt, handelt es sich um eine **Satzreihe** (**Parataxe:** Hauptsatz + Hauptsatz.) In Parataxen stehen Hauptsätze gleichwertig nebeneinander. Sie können, müssen aber nicht durch Kommas voneinander getrennt werden. (*Wir fuhren nach Italien(,) und meine Eltern besuchten Freunde.*)
- Wenn die **verbindende Konjunktion** (*dass, weil, obwohl, während* ...) einen Nebensatz einleitet, handelt es sich um ein **Satzgefüge** (**Hypotaxe**: Hauptsatz + Nebensatz/-sätze). In Hypotaxen ist der Nebensatz/sind die Nebensätze dem Hauptsatz untergeordnet. Es werden immer Kommas gesetzt. (*Als wir nach Italien fuhren, besuchten meine Eltern Freunde.*)

3 Die Wirkung untersuchen

→ **Überprüfe**, ob der Text sowohl Satzreihen als auch Satzgefüge enthält, und kläre, ob eine der beiden Formen überwiegt.

→ **Untersuche**, ob der **Satzbau zum Inhalt des Textes passt**, und **beschreibe die Wirkung des Satzbaus.** Unterscheide:

- **Satzreihe:** gleichmäßig/ruhig; monoton/beklemmend; kühl/gefühllos
- **Satzgefüge:** harmonisch/freundlich; hektisch/drängend

TIPPS UND QUERVERWEISE

Zeichensetzung (☞ 68 f.), Stil (☞ S. 76 ff.)

ACHTUNG: FEHLERQUELLEN!

Achte insbesondere bei mehrteiligen Prädikaten darauf, wo der konjugierte Teil des Prädikats steht (Prädikatsklammer: *Das **hätte** ich nie zu hoffen **gewagt**.*).

8.1 Übungen zum Satzbau durchführen

Übertrage die folgenden Übungen in dein Heft.

1 Bilde Satzreihen, indem du die Sätze mit *je..., desto* ...verbindest.

1. Die Jugendlichen verlassen die Schule früh. Sie haben schlechte Chancen, einen Ausbildungsplatz zu finden.
   Je früh..., desto schlecht...
2. Der Stellenwert der Familie ist für Jugendliche hoch. Sie finden leicht den notwendigen Rückhalt für den Weg ins Erwachsenenleben.
3. Jugendliche interessieren sich sehr für Politik. Sie sind bereit, an Aktivitäten im Dienst der Allgemeinheit teilzunehmen.
4. Jugendliche arbeiten fleißig. Ihr beruflicher Erfolg wird groß sein.
5. Erwachsene halten Jugendliche oft für unreif. Es kommt häufig zu Konflikten.
6. Die Jugendlichen haben eine positive Einstellung zur Schule. Sie lernen gut.
7. Jugendliche sind in ihrer Freizeit stark beansprucht. Das Lernen kommt leicht zu kurz.

2 Wandle die Sätze in Satzkonstruktionen mit *je ..., desto/umso* ... um.

1. Durch die Verbesserung der Ausbildungsmöglichkeiten werden weniger junge Menschen arbeitslos.
   Je ...die Ausbildungsmöglichkeiten ..., umso...
2. Mit der umfassenden Einführung der Ganztagsschule werden sich die Auswirkungen des Bildungsnotstands verringern lassen.
3. Bei einem konsequenten Durchführen der Maßnahmen lassen sich die Kosten gut kontrollieren.
4. Durch schnelles Handeln werden sich erste Erfolge rasch einstellen.

3 Korrigiere die fehlerhaften dass-wenn-Konstruktionen aus einer Erörterung zum Thema „Ferienarbeit", indem du die Sätze umformulierst.

STIL-FEHLER!

1. Es ist eine Tatsache, dass, wenn Jugendliche arbeiten, wenig Zeit für die Freunde bleibt.
2. Die Befürworter führen an, dass, wenn junge Menschen arbeiten, sie besser auf das spätere Berufsleben vorbereitet sind.
3. Möglich ist auch, dass, wenn ihr Vorgesetzter keine Studenten mag, sie ausgenutzt werden.
4. Die Heranwachsenden können so ihr Taschengeld aufbessern, dass, wenn sie sich etwas kaufen oder den Führerschein machen wollen, selbst auch einen Beitrag leisten können.
5. Jugendliche, die in den Ferien arbeiten wollen, müssen darauf achten, dass, wenn sie den Vertrag unterschreiben, das Kleingedruckte keine Überraschungen enthält.
6. Für manche Jugendliche ist es wichtig, dass auch jemand da ist, wenn sie arbeiten, der ihnen mit Ratschlägen zur Seite steht.
7. Sie wollen auch beweisen, dass sie, wenn sie arbeiten, fähig sind, etwas zu leisten.
8. Die Jugendlichen finden, dass, wenn sie schon früh morgens aufstehen müssen, um zur Arbeit zu fahren, sie dann wenigstens eine Entschädigung für ihre Fahrtkosten bekommen sollten.

STIL-FEHLER!

4 In den folgenden Sätzen ist eine Verneinung zu viel. Korrigiere die Fehler.

- Keinen Kaugummi im Mund zu haben, wenn man spricht, ist unhöflich.
- Die nicht unangesprochenen Konflikte standen wie eine Wand zwischen ihnen.
- Dieser Richter ist dafür bekannt, dass niemand nicht ungestraft davonkommt.
- Deine nicht unnötigen Anschuldigungen helfen uns auch nicht weiter.
- Es ist niemandem nicht damit gedient, wenn wir seinen Fehltritt an die große Glocke hängen.
- Mit seinem nicht unüberlegten Vorpreschen hat er unserer Sache mehr geschadet als genutzt.
- Es ist Aufgabe der Justiz, keinen Unschuldigen nicht ins Gefängnis zu bringen.

5 Baue die folgenden Satzgebilde so um, dass sie weniger schwerfällig und für den Leser verständlicher werden.
→ Bilde dazu aus den Satzgefügen mehrere Sätze. Schreibe sie in dein Heft.

Der Egon-Erwin-Kisch-Preis, der nach dem Prager Journalisten benannt ist, der mit seinen Reportagen vor und nach dem Ersten Weltkrieg enorm erfolgreich war, ist die wohl bedeutendste Auszeichnung, die ein Reporter in Deutschland erhalten kann.

Die Art und Weise, wie sie miteinander kommunizieren, die viele Jugendliche heute an den Tag legen und die den Erwachsenen Sorgen bereitet, weil sie an alle möglichen Gefahren denken, unterscheidet sich sehr von den Kommunikationsformen ihrer Eltern in deren Jugend, wo das Telefonieren teuer war und man nicht „einfach so" anrief, wenn der Freund oder die Freundin gerade mal ein paar Schritte von einem entfernt in einer Ecke des Schulhofes stand.

Sneakers, die von Vertretern der älteren Generation ganz simpel als Turnschuhe bezeichnet werden und von ihnen getragen werden, weil sie bequem sind, erfreuen sich aktuell bei Jugendlichen einer solchen Beliebtheit, dass diese sich überall in Deutschlands Großstädten vor den Fachläden treffen und dort sogar zelten, um nur ja die Ersten zu sein, die ein Paar ergattern, wenn ein neuer Mode-Schuh einer angesagten Marke in den Handel kommt, der von einer Ikone wie dem US-Rapper Kanye West für einen bekannten deutschen Sportartikelhersteller designt wurde.

Zu den Widersprüchlichkeiten des digitalen Zeitalters, das es doch überhaupt erst möglich gemacht hat, immer und überall erreichbar zu sein und rund um die Uhr an jedem Ort der Welt arbeiten zu können, gehört es, dass jetzt ausgerechnet das Smartphone den Arbeitnehmern dabei helfen soll, die negativen Folgen der ständigen Erreichbarkeit abzumildern, indem es ihnen eine Vielzahl von Apps anbietet, mit denen sie ihren Atemrhythmus kontrollieren, den Herzschlag verfolgen, die Gehirnwellen messen oder ihre Schritte zählen können und die sie vor zu viel Stress warnen und ihnen signalisieren, wann es Zeit ist, einmal tief durchzuatmen, sich zu beruhigen und durch Meditation mit ruhiger kontrollierter Atmung den Blutdruck zu senken und Verspannungen abzubauen.

6 Bestimme und markiere in den Hauptsätzen Subjekt [S] und Prädikat [P].
→ Schreibe dann die Sätze in dein Heft und formuliere sie so, dass Subjekt und Prädikat nahe beieinander stehen und dadurch die Satzklammer entlastet wird.

Goethe, dessen Karriere als Minister und enger Vertrauter des Herzogs von Weimar bis dahin sehr erfolgreich verlaufen war, hatte sich 1786 unangekündigt für eine mehrjährige Italienreise entschieden.

Ohne Darwins Thesen, die dieser vor dem Hintergrund einer klerikal bestimmten Naturanschauung und zugleich ohne forschungsgeschichtliche Vorgänger formuliert hatte, ist die moderne Evolutionsbiologie, die sich dennoch seit der Weltumsegelung der „HMS Beagle" in den 1830er Jahren rasant entwickelt hat, kaum denkbar.

7 Unterstreiche jeweils die richtige der beiden Verbformen und markiere das Subjekt, auf das diese sich bezieht.

Eine große Anzahl von Eltern, die Zeitungen schrieben von 2.000 Menschen, besuchte/besuchten das Schulfest.

Ein Gedicht, ein Drama und ein Roman, alle diese Textsorten finden sich in Goethes Gesamtwerk, das zwischen 1766 und 1832 entstand, bildet/bilden eine denkbar große Auswahl unterschiedlicher Textsorten.

Zwischen Patagonien und Südafrika ist/sind das Wetter für das Schiff und seine Besatzung bedrohlich: Die Temperaturen sind eisig, das Meer tobt, Gischt spritzt.

Die Klassengemeinschaft aus 30 Schülern, die meisten kennen sich schon seit der Grundschule, fährt/fahren für ein Wochenende nach Sylt.

Die große Menge an parlamentarischen Anfragen qualifizierte/qualifizierten den Abgeordneten nach dem Regierungswechsel für einen Ministerposten.

Ein gesundes Frühstück und Zeit zum Erholen, dazu gehört auch Sport, ist/sind wichtig für Kinder.

8 In die folgenden Sätze haben sich fehlerhafte Personal-, Possessiv- und Relativpronomen eingeschlichen. Korrigiere sie.

STIL-FEHLER!

- Die Bank hat heute der Presse seine Werbekampagne vorgestellt, mit die sie seine neuen Produkte anpreist.
- Claudia hat die Unterlagen für seinen Vortrag zuhause liegen lassen und muss es jetzt ohne Gedächtnisstützen halten, das sie sehr ärgert.
- Die Schüler, dessen Bus Verspätung hatte, müssen seinen Test nachschreiben.
- Die Mitschülerinnen, mit die wir gesprochen haben, haben uns über den großen Andrang am Getränkeautomaten beschwert.

9 „um zu"-Sätze drücken eine Handlungsabsicht des Subjekts aus, das im Hauptsatz genannt wird. Dieses Subjekt führt die im „um zu"-Satz beschriebene Handlung aus.

STIL-FEHLER!

→ Korrigiere den falschen Gebrauch von *um zu* in den folgenden Sätzen. Wandele dazu die vier fehlerhaften Sätze so um, dass die tatsächliche Aussageabsicht deutlich wird.

- Kurt Tucholsky ging 1929 ins Exil nach Schweden, um dort 1935 Selbstmord zu begehen.
- Der Vater nahm seine kleine Tochter auf die Schultern, um besser sehen zu können.
- Der Tourist hob 200 Euro ab, um das Essen im Restaurant zu bezahlen.
- Wir drehen den Wasserhahn zu, um mit dem Tropfen aufzuhören.
- Der Politiker ergreift das Mikrofon, um eine Rede zu halten.
- Der Motorradfahrer überholte den Wagen mit hoher Geschwindigkeit, um von der Fahrbahn abzukommen.

10 Hier ist der Rotstift zum Einsatz gekommen.

→ Überlege, was falsch ist, und korrigiere die Fehler.

- Ich würde das Buch empfehlen, weil ich finde, die Geschichte ist sehr interessant.
- Insgesamt ist es ein gutes Buch über Freundschaft und xxx welche Probleme man im Leben manchmal bewältigen muss.
- Er war am falschen Moment am falschen Ort.
- Wir müssen bei den Direktor gehen, um die Erlaubnis für unsere Klassenfahrt einzuholen.
- Ich bin sehr von dir enttäuscht, weil das hat Hannah nicht verdient, dass du so über sie herziehst.
- Ich hoffe, dass, wenn ich jetzt losfahre, dass ich es schaffe, dass ich noch rechtzeitig zum Abendessen zuhause bin.
- Was mir nicht gefallen hat am Buch, dass man so wenig über Jo und ihre Freundschaft zu Luca erfährt.
- Den Schluss des Buches habe ich nicht besonders gemocht, weil, dass es ein Happy End gegeben hat, war nicht sehr originell.
- Aus Peters Sicht versteht man auch, dass wenn man zwei gute Freunde hat, auch Dinge für sich behalten muss, die einer von beiden einem anvertraut.
- Immer, wo ich das gelesen habe, hat der Ich-Erzähler mir leidgetan.
- Was mir nicht so gut gefällt, dass ein Teil der Geschichte in einer Märchenwelt sich abspielt.
- Schlussendlich kann man festhalten, dass der Autor eine spannende Geschichte erzählt hat.

8.2 Die Wirkung des Satzbaus beschreiben

1 Analysiere die syntaktische Struktur der folgenden Sätze und ihre Wirkung.
→ Unterstreiche die Nebensätze.
→ Kläre dann, ob der Nebensatz jeweils durch eine Konjunktion oder ein Relativpronomen eingeleitet wird. Notiere entsprechend „K“ oder „R“ über das entsprechende Wort.
→ Beschreibe mithilfe der Adjektive die Wirkung des Satzbaus.

spannend • unruhig • monoton • distanziert • unmittelbar • detailliert • harmonisch • korrekt • beklemmend

Text 1:
Die ganze Anlage, die ein prächtiges oberes Schloss, einen hügelabwärts der Stadt sich zuneigenden weiträumigen Garten und nebst mancherlei Nebengebäuden noch ein unteres, eingeschossiges Schloss umfasst, das den Garten abschließt, hat der Feldherr Prinz Eugen zu Anfang des achtzehnten Jahrhunderts errichten lassen. Weil sich vom oberen Schloss ein grandioser Blick auf die Stadt bietet, wurde der Komplex schließlich Belvedere genannt. Das obere, später fertig gestellte Schloss, ein Hauptwerk des Architekten J. Lukas von Hildebrandt, gedachte Prinz Eugen der fürstlichen Repräsentation zu, für Feste, Einladungen und derlei Angelegenheiten, die einem der reichsten Männer, klügsten Geister und skrupellosesten Feldherren Europas zu Gebote standen, das untere Schloss war als Sommerresidenz angelegt.

Wirkung:

____
____
____
____
____
____

Text 2:
An einer schmalen Stelle haben wir einen Steinwall durch das Wasser gezogen. Eine Stunde oder länger haben wir dafür gebraucht. Wir haben schwere Brocken geschleppt, jeder allein, aber auch zu zweit. Das ist noch gar nichts. Steine sind dem Wasser egal, es springt einfach drüber oder quetscht sich durch, was immer schneller geht.

____
____
____

Text 3:
Dann war wiederum Schweigen. Der Waldstein hüllte sich fester in seinen Mantel. Der Regen schlug mit großer Heftigkeit an das Dach der Kutsche, und unter den Rädern und den Pferdehufen sprang das Wasser aus den Pfützen in Kaskaden hoch.

____
____
____

Text 4:
Plötzlich wachte sie auf. Es war halb drei. Sie überlegte, warum sie aufgewacht war. Ach so! In der Küche hatte jemand gegen einen Stuhl gestoßen. Sie horchte nach der Küche. Es war still. Es war zu still und als sie mit der Hand über das Bett neben sich fuhr, fand sie es leer. Das war es, was es so besonders still gemacht hatte: Sein Atem fehlte. Sie stand auf und tappte durch die dunkle Wohnung zur Küche. In der Küche trafen sie sich. Die Uhr war halb drei. Sie sah etwas Weißes am Küchenschrank stehen. Sie machte Licht. Sie standen sich im Hemd gegenüber.

____
____
____
____

so geht's

Wortwahl und **Syntax** bestimmen den **Stil** eines Textes. Er beeinflusst die **Wirkung des Textinhalts** auf den Leser. **Gleiche Inhalte** können in sehr **unterschiedlichem Stil** formuliert werden. Die Wahl des Stils hängt vom **Anlass**, der **Textart** und dem **Adressaten** ab.

1 Den Text planen

→ **Verdeutliche** dir zunächst, welche **Textart** du verfassen möchtest. Vergegenwärtige dir die **Regeln**, die für das **Verfassen** dieser Textart gelten (z. B. *Inhaltsangabe*: sachlich genau, Inhalt in chronologischer Reihenfolge versprachlichen, prägnante Kürze, Präsens, indirekte Rede) und entwirf einen **Schreibplan**, der diesen Regeln Rechnung trägt.

→ **Kläre**, wer der **Adressat** deines Textes ist und welche **Intention** (überzeugen, informieren, appellieren, unterhalten ...) du damit verfolgst.

2 Den Text während des Schreibens optimieren

Während des Schreibens solltest du folgende Empfehlungen beherzigen:

→ **Achte** auf einen **korrekten** und **verständlichen Satzbau**:
- Stelle eindeutige Bezüge her.
- Achte auf das Subjekt und den Numerus des Verbs.
- Vermeide Nominalisierungen und unübersichtliche Satzklammern.

→ **Überprüfe** die **Wortwahl**:
- Vermeide Wiederholungen von Begriffen und Passagen.
- Streiche sinnleere Füllwörter und verzichte bei der Darstellung von Tatsachen und Fakten auf kommentierende Verben und Ausdrücke.
- Wähle möglichst genaue Begriffe und erkläre notwendige Fachbegriffe.
- Vermeide Stilbrüche.
- Verwende Fremdwörter sachlich korrekt.

→ Prüfe, ob der **Inhalt nachvollziehbar** ist:
- Vermeide leere Ankündigungen und inhaltliche Wiederholungen.
- Trenne Meinung und Tatsachen.

3 Den Text überarbeiten

Überarbeite deinen **Text** nach der Fertigstellung anhand folgender Kriterien:
- Allgemein verständliche Darstellung (Erklärung von Fachbegriffen)
- Logische Reihenfolge und klare Gedankenführung (wichtige Ereignisse, Personenkonstellationen, markante Daten ...)
- Schlüssige und gut vernetzte Übergänge zwischen einzelnen Abschnitten
- Grammatische Richtigkeit (Tempus und Modus der Verben, Numerus und Genus des Subjekts, grammatische Bezüge, korrekte Satzstellung)
- Korrektes Zitieren

TIPPS UND QUERVERWEISE

Syntax und Grammatik (☞ S. 70 ff.)

ACHTUNG: FEHLERQUELLEN!

Häufig stimmt der Numerus des Verbs nicht mit der Person überein. Deshalb sollte immer der Numerus des Subjekt und seine Stellung im Satz überprüft werden. Der sachlich fehlerhafte Gebrauch von Fremdwörtern kann durch das Nachschlagen in einem Fremdwörterbuch vermieden werden.

9.1 Wort- und satzbezogene Übungen zum Stil durchführen

1 Vervollständige die folgende Fremdwörter-Tabelle in alphabetischer Ordnung mithilfe der Silben im Wortspeicher.
→ Kennzeichne Verben (V) und Adjektive (A).

gie • tisch • thisch • ~~pho~~ • em • nis • visi • sti • my • ex • ren • krip • ver • ~~me~~ • pos • ren • thisch • em • go • pha • tu • pli • lie • nor • tisch • di • zit • ex • em • ro • mu • pla • ~~risch~~ • ima • lie • pa • gi • nie • risch • ren • ma • tiv • ~~ta~~ • onär • des • tiv • an • mys • tisch • ren • ta • pha

Fremdwort (Adjektiv oder Verb)	Definition	Fremdwort (Substantiv/Nomen)
	gegensätzlich	
	beschreibend	
	auseinandergehen, abweichen	
	einfühlsam, anteilnehmend	
	begeistert	
	beispielhaft	
	ausdrücklich	
	(sich) vorstellen, ausdenken	
metaphorisch (A)	ein sprachliches Bild betreffend, übertragen, bildlich	die Metapher
	geheimnisvoll, dunkel, zur Mystik (besondere Form der Religiosität) gehörend	
	sagenhaft, legendenhaft	
	maßgebend, als Norm/Vorgabe dienend	
	feststellen, zur Bedingung machen	
	anregend, ermunternd	
	prophetisch, vorausschauend	

2 Schlage die Bedeutung folgender ähnlich klingender Fremdwörter nach und kläre die Unterschiede.

real – reell
ideal – ideell
physisch – psychisch
idealistisch – ideologisch
Apathie – Antipathie – Empathie – Sympathie
konventionell – Konventionalstrafe

quantitativ – qualitativ
rational – rationell
ökologisch – ökonomisch
systematisch – systemisch
konträr – kontradiktorisch
ethisch – ethnisch

3 Mache dir die Bedeutung der kursiv gedruckten Fremdwörter klar, indem du einen passenden deutschen Ausdruck suchst. Formuliere eventuell die Sätze um.

Die Annektierung der Krim hat das Verhältnis zwischen Russland und der Ukraine nachhaltig vergiftet.

Mit seinem *arroganten* Auftreten hat er einiges an Sympathien verscherzt.

Wegen der Flüchtlingspolitik gibt es erhebliche *Differenzen* zwischen den Mitgliedstaaten der Europäischen Union.

Der Überfall auf die Tankstelle war nur *fingiert*.

Der Regierungssprecher schließt den 17. Oktober als *potenzielles* Datum für Neuwahlen nicht aus.

Jugendliche legen großen Wert auf *Individualität*.

Der UN-Generalsekretär verweist auf die *Universalität* der Menschenrechte.

Manchmal ist die Grenze zwischen Meinungsfreiheit und *Diffamierung* fließend.

Bei diesen Vasen handelt es sich um billige *Reproduktionen*.

Es war der *explizite* Wunsch des Staatspräsidenten, die Gedenkstätte zu besuchen.

---

4 Erkenne „falsche Freunde". Übersetze korrekt aus dem Luxemburgischen ins Deutsche.

duerno (dono), derno → 1. nachher, 2. später, 3. danach, anschließend, 4. dann	
Fir d'éischt gi mer akafen, **duerno** gi mer an d'Schwëmm.	Zuerst gehen wir einkaufen, ______ gehen wir ins Schwimmbad.
Obwuel hien alles gesinn hat, huet hien **duerno** gesot, hien hätt neischt matkritt.	Obwohl er alles gesehen hat, hat er ______ gesagt, er habe nichts mitbekommen.
Et gesäit ganz **derno** aus, wéi wann hie gefuddelt hätt.	Es sieht ganz ______ aus, als habe er geschummelt.
Ech ruffen dech **derno** un.	Ich rufe dich ______ an.
Et ass mer net **derno**, an de Kino ze goen.	Mir ist nicht ______, ins Kino zu gehen. (Ugs.: Mir ist nicht ______ Kino.)

dofir → 1. dafür, 2. deshalb, darum, 3. deswegen	
Du hues zwar mäi Buch vergiess, mee ech sinn der **dofir** net béis.	Du hast zwar mein Buch vergessen, aber ich bin dir ______ nicht böse.
Eisen Délégué de classe huet sech **dofir** agesat, datt mer haut kënnen éischter goen.	Unser Klassensprecher hat sich ______ eingesetzt, dass wir heute früher gehen können.
Mir musse nach akafe fueren, **dofir** muss de pünktlech heiheem sinn.	Wir müssen noch einkaufen fahren, ______ musst du pünktlich zuhause sein.
Du kanns esou vill tuten, wéi 's de wëlls, **dofir** geet et net méi séier.	Du kannst so lange hupen, wie du möchtest, ______ wird es nicht schneller gehen.
Ech sinn **dofir**, datt mir zesummen bei den Direkter ginn.	Ich bin ______, dass wir zusammen zum Direktor gehen.

genuch → 1. genug, 2. ausreichend	
Ech sinn net **genuch** informéiert.	Ich bin nicht ______ informiert.
Et ass nach **genuch** Waasser do.	Es ist noch ______ Wasser da.
Ech hunn es **genuch** mat deem Gestreits.	Ich habe ______ von der ganzen Streiterei.
Et ass **genuch** fir jiddereen do.	Es ist ______ für alle da.

vill méi → 1. viel mehr, 2. weitaus + Adjektiv im Komparativ, 3. weit mehr, 4. Adjektiv im Komparativ, 5. viel/weit + Adjektiv im Komparativ	
Mir hu **vill méi** Zäit gebraucht, wéi geduecht.	
De Ball ass **vill méi wäit** geflunn, wéi e sollt.	
Vill méi gëtt et dozou net ze soen.	
Et gëtt **vill méi** Gäscht wéi Still.	
Pizza ass **vill méi beléiwt** wéi Geméis.	
Hien huet **vill méi** Problemer, wéi hien zougëtt.	

5 Verwende die Begriffe in ihrer korrekten Bedeutung. Ergänze dabei die Verben im Präsens.

die Erfahrung ≠ die Erfahrungen	Die ______ lehrt uns, dass nicht alles sinnlos ist, was wir in der Schule lernen. Er hat viel ______ in seinem Beruf gesammelt. Er hat keine gut______ in der Fremde gemacht. Mit sein______ kann er uns sicher helfen. Der Großvater erzählt von sein______ im Krieg. Die Eltern wollen ihre Kinder vor schlecht______ bewahren. Wir wissen aus ______, dass regelmäßiges Üben zum Erfolg führt.
die Jugend ≠ die Jugendlichen (≠ die Kinder)	In seiner ______ hat er viel Zeit auf dem Fußballplatz verbracht. Die ______ von heute ha___ viel mehr Möglichkeiten, sich über das aktuelle Geschehen in der Welt zu informieren als alle Generationen davor. Die ______ ha___ heute fast alle ein Handy oder Smartphone. Erwachsene haben nicht immer ein offenes Ohr für die Belange der ______. Die Studie befasst sich mit den Lieblingsgerichten der ______. Zu allen Zeiten hat man gern auf „die ______ von heute" geschimpft.

der Nutzen ≠ die Nutzung ≠ die Nützlichkeit ≠ das Benutzen ≠ die Benutzung	Über d___ ___ selbstfahrender Autos kann man streiten. Die Frage nach d___ ___ solcher modernen Gadgets ist erlaubt. D___ ___ von Desinfektionsmitteln wird empfohlen. Welch___ ___ willst du aus den gewonnenen Erkenntnissen ziehen? D___ ___ öffentlicher Verkehrsmittel wird von staatlicher Seite gefördert.
der Gegensatz ≠ das Gegenteil	Er ist___ genaue ___ seines Bruders. Im ___ zu seinem Bruder ist er freundlich und zuvorkommend. Mit deinem Einschreiten hast du ___ dessen bewirkt, was du erreichen wolltest. Ich werde mich nicht aufregen, im ___, ich werde ganz ruhig bleiben. ___ zwischen den beiden könnte nicht größer sein. Dies___ ___ lässt sich nur schwer auflösen. ___ ist der Fall.
die Anspannung ≠ die Anspannungen ≠ die Spannung ≠ die Spannungen	Zwischen den beiden Konfliktparteien gibt es schon lange ___. Nach ___ der letzten Wochen freue ich mich auf den Urlaub. Nachdem der Brand unter Kontrolle war, ließ ___ beim Einsatzleiter nach. ___ war schon nach zehn Minuten aus dem Krimi raus.
die Befürchtung ≠ die Befürchtungen ≠ die Furcht ≠ Furcht vor	Aus ___ terroristischen Anschlägen hat Brüssel das Silvesterfeuerwerk abgesagt. ___ der Behörden haben sich nicht bestätigt. Die Anschläge von Paris haben ___ und Schrecken in der französischen Hauptstadt ausgelöst. Viele hegen die ___, dass dies nicht die letzten terroristischen Akte waren.
repräsentieren ≠ (sich) präsentieren	Der Botschafter ___ sein Land beim Neujahrsempfang des Bundespräsidenten. Der Winter ___ von seiner schönsten Seite. Wir möchten Ihnen unser neuestes Produkt ___. Die Protestpartei ___ gerade mal 3 Prozent der Wählerschaft. Die Lösung seiner Probleme wurde ihm auf dem Silbertablett ___.

weisen ≠ aufweisen ≠ beweisen ≠ hinweisen ≠ nachweisen ≠ verweisen	Die sogenannten K.O.-Tropfen lassen sich nur kurze Zeit im Blut ____. Wie willst du diese ungeheuerliche Behauptung ____? Alles scheint auf menschliches Versagen ____. Der Direktor ____ Peter wegen eines tätlichen Angriffs auf einen Mitschüler von der Schule. Das Wasser des Bachs ____ eine hohe Konzentration an Giftstoffen ____. Der Zeuge ____ mit dem Finger auf den Angeklagten. Der Polizeisprecher ____ den Journalisten auf die für 15 Uhr anberaumte Pressekonferenz.
verschieden ≠ unterschiedlich ≠ verschiedentlich	Auch wenn wir manchmal ____ Meinung sind, sind wir im Grunde doch nicht so ____. Es ist ____ schon zu Zwischenfällen mit randalierenden Fußballfans gekommen. Die ____ Redner vertraten sehr ____ Positionen zum Thema Mindestlohn.
strittig ≠ umstritten ≠ unstrittig ≠ streitig ≠ streitbar ≠ unbestritten ≠ unbestreitbar	Er ist der ____ König der Formel 1. Mit seinen ____ Äußerungen zur Asylpolitik hat sich der Parteivorsitzende den Unmut der Basis zugezogen. Du wirst mir doch wohl nicht meinen Platz im Team ____ machen wollen? Es ist ____, dass eine Lösung in der Flüchtlingsfrage gefunden werden muss. Der verstorbene Politiker war zeitlebens ein ____ Geist. Dass du Recht hast, ist ____, die Fakten sprechen für sich. Es ist ____, ob wir den Termin für die Abgabe der Bewerbung einhalten können.
Einwohner ≠ Bewohner ≠ Anwohner	Die ____ mussten aus dem brennenden Haus evakuiert werden. Die ____ haben sich bei der Gemeinde über das hohe Verkehrsaufkommen in ihrer Straße beschwert. Deutschland zählt über 80 Millionen ____. Der Einbrecher war vom ____ des Hauses überrascht worden. ____ hatten den Brand in dem leerstehenden Gebäude bemerkt. Nicht alle ____ eines Landes sind auch Einheimische.

lassen	Auf ihrer Flucht musste die Familie ihr letztes Hab und Gut ______.
≠ hinterlassen	Mein Großvater hat mir sein Haus ______.
≠ zurücklassen	Das Auto ist auf meinen Vater ______.
≠ verlassen	Er will nicht von seinem verrückten Plan ______.
≠ ablassen	Kannst du den Unsinn nicht einfach ______?
≠ zulassen	Die Gedanken an die verlorene Heimat wollen ihn einfach nicht ______.
≠ belassen	Das schreckliche Erlebnis hat tiefe Spuren bei ihm ______.
≠ loslassen	Inmitten der vielen Menschen fühlt sich Maja völlig ______.
	Der Süchtige kann nicht von den Drogen ______.
	Kann ich mich darauf ______, dass du diesen Auftrag ausführst?
	Wir werden alle Sorgen ______ und in der Schweiz neu anfangen.
	Ich werde nicht ______, dass du offenen Auges in dein Unglück rennst.
	Diesmal werde ich es noch bei einer Ermahnung ______.
sorgen	Das Rote Kreuz ______ die Flutopfer mit Decken und Nahrungsmitteln.
≠ sich sorgen	Ich muss noch Milch ______.
≠ besorgen	Würdet ihr hier bitte für Ordnung ______!
≠ umsorgen	Die Großmutter ______ ihren kranken Enkel.
≠ versorgen	Du solltest um deinen guten Ruf ______.
≠ besorgt sein	Die Eltern ______ die Zukunft ihrer Tochter.
	Wir sind mit Essen und Trinken gut ______.
	Die Verschlechterung seines Gesundheitszustandes ______ die Ärzte.

6 Nomen-Verb-Verbindungen kommen besonders in der Schriftsprache vor. Ergänze die kursiv gedruckten Nomen durch die passenden Verben.

1. Die FIFA hat die *Konsequenzen* aus dem Korruptionsskandal um die gekauften Fußballweltmeisterschaften ______.
2. Die Polizei ______ *den Verdacht*, dass die abgelegene Villa ein Umschlagplatz für Drogen ist.
3. Das Gericht ist *zu der Ansicht* ______, dass der Angeklagte sich der fahrlässigen Tötung schuldig gemacht hat.
4. Der Anwalt ______ *Widerspruch* ______ gegen die Verurteilung seines Mandanten.

5. Die Gemeinde hat weitreichende *Maßnahmen* zum Schutz der Quellen auf ihrem Territorium __________.
6. Seine Loyalität wird von niemandem in *Zweifel* __________.
7. Wir haben *eine erste Anzahlung* auf unser neues Haus __________.
8. Mein Vater hat *Gefallen* an seinem Rentnerdasein __________.
9. Unser Deutschlehrer hat heute den bevorstehenden Theaterbesuch *zur Sprache* __________.
10. Die Schmugglerbande ist *in die Falle* der Fahnder __________.
11. Sein Handeln __________ *im Widerspruch* zu seinen Äußerungen.
12. Die Konzernleitung hat *Abstand von* den geplanten Entlassungen __________.
13. Die Demonstranten __________ schwere *Vorwürfe* gegen die Einsatzkräfte.
14. Für deine ewige Nörgelei kann ich kein *Verständnis* __________.
15. Ich bitte dich, mehr *Rücksicht* auf die Gefühle deiner Mitmenschen zu __________.
16. Nach Bekanntwerden des Skandals hat die Unternehmensleitung die *Flucht nach vorn* __________ und zwei führende Manager entlassen.
17. Die Landung eines kleinen Sportflugzeugs mitten auf der Autobahn hat jede Menge *Aufsehen* __________.
18. Wir haben dem Ratschlag der Parkhüter *Folge* __________ und uns vor dem nahenden Gewitter in Sicherheit gebracht.
19. Hast du einen Wechsel des Arbeitsplatzes schon mal in *Erwägung* __________?
20. Das Hotel hat uns die zu Bruch gegangene Vase in *Rechnung* __________.
21. Als die Nachricht von der Veruntreuung bekannt wurde, musste der Bankangestellte *seinen Hut* __________.
22. Ein Aufweichen der Regeln __________ nicht *zur Debatte.*
23. Unser Klassenlehrer __________ das Ziel unserer Klassenfahrt *zur Diskussion.*
24. Bei den Ausscheidungen zur Matheolympiade hat Paul sein Können *unter Beweis* __________.
25. Das Theaterstück, an dem wir seit Monaten proben, wird am kommenden Wochenende *zur Aufführung* __________.

7 Fülle die Leerstellen der Zielscheibe jeweils mit Fachbegriffen und/oder mit passenden Beispielen aus.

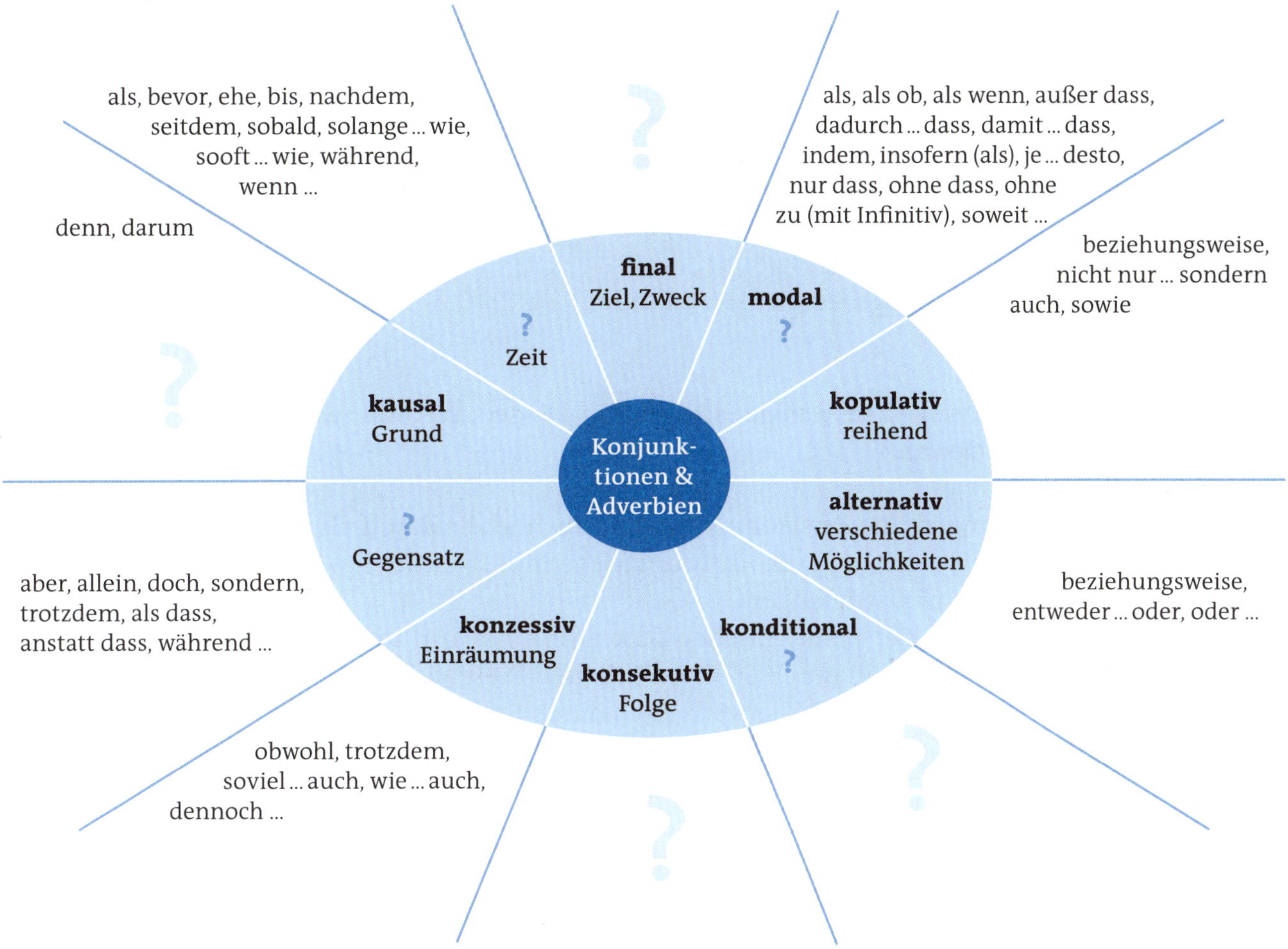

8 Finde zu jeder Fallgruppe noch vier weitere passende Ausdrücke.

Eine Argumentation eröffnen, Grundlagen definieren und ein Thema umreißen: ausgehend von, ______

______

Argumentationselemente auflisten: und, ______

______

Argumentationselemente einschränken oder Gegensätze entwickeln: allerdings, ______

______

Argumentationselemente betonen oder herausheben: besonders, ______

______

Fazit ziehen und ein Ergebnis präsentieren: insgesamt, ______

______

9 Schreibe die folgenden Sätze in dein Heft und stelle dabei sprachlich eindeutige logische Bezüge zwischen den Satzteilen oder zwischen den Sätzen her.

- Das Nachdenken über das Schreiben hat große Bedeutung für die Hauptfigur. Es ist Inhalt dieses Romans.
- Ein Auto hat einen Motor, dessen Qualität nicht ausreicht. Das Auto wird alsbald in der Werkstatt enden.
- In der heutigen Welt sind Polizeibeamte in vielen Situationen eher Sozialarbeiter. Diese müssen sich auch in Psychologie, Sozialpädagogik und Gesprächsführung qualifizieren.
- Aişe hat Sandra ein Handy gegeben. Sie ist jetzt sauer.

10 Wandle die Sätze so um, dass sie weniger schwerfällig klingen. Wechsle zwischen Aktiv- und Passivsätzen ab.

Die Umweltschützer prangern die Zersiedlung des Bodens und die damit einhergehende Verursachung von Erosion durch touristische Infrastrukturen wie Unterkünfte, Sportanlagen und Straßen an.
Sie beklagen die Belästigung der Einheimischen durch Verkehrslärm und die Vergiftung des Bodens und der Luft durch Öl, Blei-, Ruß- und Dieselpartikel.
Sie verweisen auf den übermäßigen Wasserverbrauch durch Sportanlagen wie Golfplätze und die Verschmutzung der Gewässer durch Müll und ungeklärte Abwässer.
Sie kritisieren die Zerstörung kultureller Güter durch unachtsame Touristen und den Vandalismus profitgieriger Antiquitätenräuber.
Unter Androhung massiver Proteste und Blockaden des Flughafens der Ferieninsel fordern sie die Regionalregierung zu konsequentem Handeln auf.

11 Ersetze die kursiv gedruckten Nebensätze durch passende Nominalkonstruktionen.

Viele Studenten hoffen, *dass sie ein Stipendium erhalten*, und werden dann enttäuscht.

Weil die Mieten in beliebten Universitätsstädten drastisch angestiegen sind, wird es immer schwieriger, eine günstige Wohnung zu finden.

Viele Universitäten beklagen, *dass die Studentenzahlen ständig wachsen und dass nicht allen Studienanfängern genügend Plätze im Studienfach ihrer Wahl angeboten werden können.*

Obwohl ständig neue Studiengänge und Fächerkombinationen geschaffen werden, wissen viele Abiturienten nicht, was sie studieren sollen.

Seitdem die Universität Luxemburg gegründet worden ist, sind weniger Primaner bereit im Ausland zu studieren.

9.2 Texte stilistisch überarbeiten

1 Streiche oder korrigiere im folgenden Text unpassende Formulierungen.
→ Markiere mit senkrechten Strichen die Stellen, an denen Absätze beginnen.

Die Entwicklung des Internets

STIL-FEHLER!

Das Aufkommen des Internets steht in seiner Bedeutung für den sozialen und gesellschaftlichen Wandel auf einer Ebene mit der Erfindung des Buchdrucks und der so wichtigen Entdeckung Amerikas. Die Internettechnologie gilt als Schlüsselfaktor gegenwärtiger gesellschaftlicher und ökonomischer Veränderungen in Gesellschaft und Wirtschaft; wir sprechen in diesem Zusammenhang und Kontext auch von der Informationsgesellschaft oder der E-Society. Entscheidend neben dem Zugang zu den Informationen ist für einen aber vor allem die Fähigkeit und Kompetenz, sich diese nutzbar zu machen. Begründer des World Wide Web (WWW), des heute wichtigsten Dienstes des Internets, ist der britische Informatiker und Wissenschaftler Tim Berners-Lee, der 1989 am Cern, dem total beliebten europäischen Kernforschungslabor in Genf, direkt am Genfersee gelegen, eine Lösung für einen einheitlichen Informationsaustausch im Internet entwickelte. Berners-Lees Ziel war es, ein System zu schaffen, in dem Wissenschaftler ihre Forschungsergebnisse auf einfache Art und Weise weltweit miteinander austauschen können. Dies war zunächst nur in Textform möglich. Umwerfend riesige Popularität und umwerfend enormes Wachstum bescherte dem Internet die Veröffentlichung des ersten grafischen Browsers 1993 durch Marc Andreessen. Tim Berners-Lee ließ seine Ideen und technischen Umsetzungen gar nicht und niemals patentieren und stellte die Nutzung des WWW der Allgemeinheit zur Verfügung. In 1994 begannen die ersten Unternehmen, eigene Websites im Internet einzurichten, und aufgrund der rapiden Computerisierung wurden immer mehr private Haushalte an das Internet angebunden. In den folgenden Jahren vollzog sich die Verbreitung des WWW in einer atemberaubenden Geschwindigkeit. Das Web 2.0 wird auch als „Mitmach-Internet“ bezeichnet und umfasst alle Aktivierungen und technischen Anwendungen, die es den Benutzern ermöglichen, eigenständig Inhalte in Form von Profilen, Bookmarks, Fotos, Videos, Kommentaren und so weiter im Internet zu veröffentlichen und anderen Nutzern zugänglich zu machen sowie mit anderen Nutzern zu kommunizieren und auszutauschen. Der Nutzer ist nicht mehr länger Konsument, sondern wird selbst zum Produzierer, indem er Inhalte bereitfügt. Er kann auf einfache Weise Filme, Fotos, Videos und Tagebucheinträge veröffentlichen oder bereits veröffentlichte Inhalte kollationieren.

Korrekturen:

Autoren- und Quellenverzeichnis

S. 10 **Bichsel, Peter:** Die Tochter. Aus: ders.: Eigentlich möchte Frau Blum den Milchmann kennenlernen. Suhrkamp Verlag, Frankfurt am Main, 1964 (1993)

S. 58 **Bloed, Peter** und **Jana Tilz:** Jugendliche im Kaufrausch: jung, hip und markengeil. Aus: Aus: http://www.focus.de/finanzen/boerse/aktien/tid-25383/konsum-jung-hip-markengeil_aid_729481.html (zuletzt eingesehen am 04.01.2016)

S. 27 **Dach, Simon:** Die Jahre wissen keinen Halt.... Aus: Auserlesene Gedichte von Simon Dach, Robert Roberthin und Heinrich Albert, herausgegeben von Wilhelm Müller,F.A. Brockhaus, Leipzig, 1832, S. 101

S. 57 **Dick, Alexander:** Contra: Dem E-Book fehlt jede Sinnlichkeit. Aus: Badische Zeitung vom 15.03.2013, http://www.badische-zeitung.de/test-4/contra-dem-e-book-fehlt-jede-sinnlichkeit (zuletzt eingesehen am 28.09.2015)

S. 21 **Frisch, Max:** Andorra, Siebtes Bild. Bibliothek Suhrkamp, Frankfurt am Main, 1961, S. 59 ff.

S. 40 **Fritz, Walter Helmut:** Augenblicke. Aus: Umwege. Prosa, Deutsche Verlagsanstalt, Stuttgart, 1964. S. 47

S. 27 **Gernhardt, Robert:** Vom Efeu können wir viel lernen.... In: Lehrmeisterin Natur. Aus: ders.: Reim und Zeit, Gedichte. Reclam Verlag, Stuttgart, 1990, S. 64

S. 48 **Goos, Heike** und **Vogt, Claudia:** Wer liest? Die Maschine oder ich? Aus: dies.: Lesen und lesen lassen. Der Spiegel 50/2014, S. 64–72

S. 29 **Hahn, Ulla**: Auf und davon. Aus: dies.: Herz über Kopf. Gedichte. Deutsche Verlags-Anstalt, Stuttgart, 2002, S. 28

S. 56 **Heilemann, Michael:** Pro: Mit dem E-Book macht das Lesen mehr Spaß. Aus: Badische Zeitung vom 15.03.2013, http://www.badische-zeitung.de/computer-medien-1/pro-mit-dem-e-book-macht-das-l... (zuletzt eingesehen am 28.09.2015)

S. 32 **Kästner, Erich:** Sachliche Romanze. Aus: Sachliche Romanzen. Gedichte über die Liebe und andere unvermeidliche Dinge von Erich Kästner, Renate Reichstein und Jonas Schenk, Atrium Verlag, Hamburg, 2007, S. 17

S. 27 **Morgenstern, Christian:** Es war einmal ein Lattenzaun..., Lappan Verlag, Oldenburg, 2010, S. 6

S. 44 **Tolstoi, Leo:** Die drei Söhne, zitiert nach: Henry Dunant: Alle sind Brüder. Friedrich Velmede Verlag, Hamburg, 1953, o.S.

S. 27 **Wedekind, Frank:** Ein junges Mädchen kam nach Baden .... Aus: ders.: Werke in allen drei Bänden, Bd. 2, Aufbau Verlag Berlin und Weimar, 1969, S. 445

Ohne Autor:

S. 58 Jugendliche, die die Schule ohne Abschluss..., nach: Shell Jugendstudie 2015, entnommen: http://www.shell.de/aboutshell/our-commitment/shell-youth-study-2015.html, zuletzt eingesehen am 11.1.2016, gekürzt und angepasst

S. 75 Dann war wiederum Schweigen, aus: Leo Perutz: Nachts unter der steinernen Brücke. dtv, München, 2005, S. 129

S. 75 Plötzlich wachte ich auf, aus: Wolfgang Borchert: Das Brot. In: ders., Das Gesamtwerk, Rowohlt, Reinbek bei Hamburg, 1991, S.304

S. 86 Die Entwicklung des Internets (gekürzt), aus: Die Zeit. Unterrichtsmaterial Medienkunde, Zeitverlag, Hamburg, 2010, S. 95-97